AF533946

Melanie Sengbusch

Wie wir uns

selv

selbst
erkennen,
lieben lernen und
verwirklichen

Ellert & Richter Verlag

Inhaltsverzeichnis

„Wer zugleich seinen Schatten
und sein Licht wahrnimmt,
sieht sich von zwei Seiten,
und damit kommt er in die Mitte.“

Carl Gustav Jung

Vorwort

selv ist der Name des ganzheitlichen Therapieansatzes, um den es in diesem Buch gehen wird. Die Buchstaben stehen für die Begriffe: **S**elbst**e**rkenntnis, Selbst**l**iebe und Selbst**v**erwirklichung. selv vermittelt wertvolles Wissen und bietet praktische Übungen an. selv vereint die Bereiche Psychologie und Spiritualität. selv bietet eine Möglichkeit, sich selbst zu erkennen, zu lieben und zu verwirklichen. selv gibt Impulse und inspiriert. selv ist ein Weg, Zufriedenheit zu entwickeln.

Bevor selv konkret vorgestellt wird und es mit der Arbeit losgeht, möchte ich kurz darstellen, wie es zu diesem Therapieansatz gekommen ist. Ich habe selv als Fachkraft entwickelt; ich arbeite im Gesundheitswesen. Und ich habe selv als Mensch entwickelt, der unzufrieden war, der selbst Leid erfahren hat und sein Leben verändern wollte. Mittlerweile sind das Wissen und die Methoden aus dem selv-Ansatz fester Bestandteil meines Lebens und meiner therapeutischen Arbeit. Immer wieder nutze ich selv für mich und wende selv erfolgreich an, um Menschen dabei zu unterstützen, ihr Leben zu verändern und Zufriedenheit zu entwickeln.

Als ich mit Anfang zwanzig wieder einmal auf der Tanzfläche eines Hamburger Clubs inmitten von feiernden Menschen eher wankte als tanzte, nicht mehr in der

Lage war, mich sinnvoll zu artikulieren, die vielen Gesichter nicht lesen konnte, meine Freunde kaum mehr erkannte, bedrohliche Stimmen hörte und den Eindruck hatte, alle Wände, die Decke und der Boden würden sich gleichzeitig in unterschiedliche Richtungen bewegen, da dachte ich: Das war es jetzt. Das war zu viel. Zu viel Alkohol. Oder zu viele Pillen. Zu viele neurotische Verhaltensweisen. Zu viele psychotische Momente. Zu viel von allem. Irgendwas in meinem Gehirn muss durchgebrannt sein und ich bin verrückt geworden. Ganz. Und endgültig.

Nach über zehn Jahren tippe ich nun diese Zeilen hier, sitze in meiner Wohnung mit Garten in der Nähe des Sees, im Kinderzimmer liest mein Sohn zum zehnten Mal Harry Potter, vor mir duftet ein Jasmintee und in meinem Kopf scheint alles zu funktionieren. Ab und zu britzelt mal was, schlägt ein paar Funken, aber ich bin sicher, durchbrennen wird hier gar nichts mehr. Ich bin sicher.

Dieses Gefühl der Sicherheit, vielleicht kann man es auch Vertrauen oder Zufriedenheit nennen, hatte ich nicht für möglich gehalten. Nicht für mich. Für die Menschen mit funktionierenden Leben, mit Jobs und heilen Familien und ohne Geister im Kopf, klar, die sind sicher. Aber ich könnte jedem Moment dem Druck nachgeben, einer dunklen Stimme im Kopf folgen, einem gruseligen Bild aus meinem Geist nicht mehr widerstehen und das Messer zücken, die Tabletten schlucken oder auf die Gleise treten. Wenn man schwer depressiv, zwangsgestört und suizidal ist, wie ich es einmal war, gibt es keine Sicherheit.

Jeder Moment fühlt sich bedrohlich an und das einzige, was sicher ist, ist das durchgehende Gefühl von Angst.

Wir spielen Therapie. Das ist ein merkwürdiger Satz. Vielleicht ist es auch ein verdammt guter Satz. Es wirkt absurd, als könne man dies doch gar nicht tun. Dann wieder scheint es beinahe weise zu sein, Therapie als ein Spiel zu betrachten. Dieser Tätigkeit mit freudiger Gelassenheit zu begegnen, ergibt durchaus Sinn. Entspannt, freiwillig und intrinsisch motiviert, mit Lockerheit und Humor, spielerisch, so erzielt eine Therapie vermutlich bessere Ergebnisse, als verkrampft, erzwungen, mit Widerstand und Verbissenheit.

Wir spielten Therapie. Das haben wir wirklich getan. Eine unserer Lieblingsbeschäftigungen war es, uns stundenlang an Sonntagnachmittagen mit dem alten Brettspiel zu beschäftigen. So hegte ich bereits als Grundschülerin eine Faszination für die Seele, die Psyche, das Geistige, das Unbewusste. All diese Begriffe sind so unscharf wie meine Erinnerungen an besagte Spielenachmittage. Bloß ein schwaches Foto in einer kleinen Kiste weit hinten in einer verstaubten Kommode erzählt diese Geschichte vom freundlichen Vater und der begeisterten Tochter, die nicht genug von den Interpretationen der Tintenkleckse und den Fragen über das andere Ich bekommen konnte. Mein Vater war freundlich und ich war begeistert, dennoch schien es beinahe obsessiv, teilweise verschult – das Therapiespiel. Ob nun frühe Liebe, erlernte Fähigkeit oder Schicksal: Ich musste Therapeutin werden, um zu sein, wer ich bin. Dass ich mal in einer Praxis arbeiten und ein Buch über meine Therapieerkenntnisse schreiben würde, das war mir lange verborgen und überhaupt nicht vorstellbar. Diese Dinge lagen unter Schichten aus negativen Glaubenssätzen und ungesunden Verhaltensmustern und erst als ich damit begann, mich selbst kennenzulernen, blitzten diese Bilder wie glänzende Edelsteine als mögliche Lebensvision auf. Ich weiß, wovon ich schreibe. Nicht nur, weil ich es irgendwo gelesen oder mir in Aus- und Fortbildungen, in Kursen und Vorträgen angehört habe. Ich habe es erlebt: Eine Therapie machen, viele Therapien machen, sich ohnmächtig fühlen, krank und verloren. Und: sich helfen, sich heilen, sich selbst therapieren. Ich weiß, was es bedeutet, sich hilflos zu fühlen. Und mittlerweile weiß ich, wie es sich anfühlt, sich aus diesem Zustand zu befreien. Und zu heilen. Immer tiefer.

Es ist vermutlich hilfreich, wenn Du ein Bild von mir bekommst. Schließlich begleite ich Dich nun durch dieses Buch. Dafür möchte ich Dich einladen, Dir einmal eine alleinerziehende, emotional abhängige, depressive, arbeitslose, junge Frau vorzustellen. Hast Du ein Bild dazu im Kopf? Siehst Du die Zerbrechlichkeit, die Traurigkeit, die Angst, die Hilflosigkeit, die Einsamkeit? Siehst Du den Schmerz und das Leid? Hast Du ein Bild dieser Frau im Kopf? Gut. Hi, das bin ich. Oder: das war ich. Und keiner hat es gemerkt. Nicht einmal ich selbst. So gut konnte ich das Versagen und Scheitern verstecken, sodass die meisten Menschen mich für eine schillernde, inspirierende Persönlichkeit hielten, sogar mein eigener Psychiater.

Als mir endlich bewusst wurde, dass ich eine Mogelpackung und absolut am Ende war, hatte ich die Wahl, so weiterzumachen und mein Leben völlig gegen die Wand zu fahren oder: radikal ehrlich zu mir selbst zu sein, Verantwortung für mich zu übernehmen und endlich aufzuwachen. Ich habe es geschafft. Ich bin wach. Ich mache mich nicht mehr abhängig, habe meine Depression geheilt, eine eigene therapeutische Praxis entwickelt und bin heute eine glückliche Frau und Mutter mit erfüllten Beziehungen, erfolgreicher Arbeit und einem Leben in Zufriedenheit. Was nicht bedeutet, dass ich nicht auch Momente des Scheiterns erfahre, Phasen des Zweifelns habe, mal krank werde oder eine bedrohliche Krise erlebe, aber: Wie ich damit umgehe, mit mir selbst und dem, was das Leben mir bereitet, das hat sich von Grund auf gewandelt. Und damit wandelt sich einfach alles, wieder und wieder und zwar letztlich immer zum Guten, ich möchte sagen: zum Frieden.

Deswegen habe ich dieses Buch geschrieben: weil es Zufriedenheit gibt. Damit meine ich nicht, dass wir immerzu happy sind, alles unglaublich toll finden müssen und es uns durchgehend super geht. Ich spreche von einem Zustand inneren Friedens, von Gelassenheit und Freude, auch in schwierigen Momenten, von dem Annehmen und dem Loslassen, von der Bewusstheit über sich selbst, von dem Vertrauen in die Welt und der Wahl, das Leben voll anzunehmen: mit all dem Licht und mit all der Dunkelheit.

Teil 1 Einführung

Im Einführungsteil werden einige grundlegende Dinge geklärt.
Es geht um den Begriff der Heilung, den Ansatz der ganzheitlichen Selbstheilung und darum, wie meine persönlichen Erfahrungen mich zu meinem Verständnis von Heilung geführt haben.
Zudem geht es um die innere Haltung als Essenz für unser Leben, als Fundament für Heilung.

Über (Selbst-)Heilung

Zu Beginn möchte ich über mein Verständnis von Heilung sprechen. Was bedeutet überhaupt heil? Sind wir denn kaputt? Heil bedeutet: ganz. Heilung ist demnach die Ganzwerdung. Wenn wir also kaputt sind, krank, Leid erfahren und Schmerz spüren, dann weil etwas nicht ganz ist, nicht ganz da, nicht ganz erkannt, nicht verbunden, nicht bewusst, nicht integriert, nicht heil.

Wie die Menschen mit sich selbst, miteinander und mit dem Planeten umgehen, zeugt oft von einem unbewussten, leidvollen Zustand. Ich kann wahrnehmen, dass wir nicht immer verbunden sind, nicht eins, sondern uns als getrennt erfahren, von uns selbst, von anderen, von der Welt und diese Spaltung steht der Heilung entgegen. Ganzheit zu erkennen und dort zu wirken, wo sie unerkannt, unterdrückt oder abgespalten ist, das ist Heilung. Ganzheit steckt auch in dem Begriff ganzheitlich. Für die ganzheitliche Heilung des Menschen ist meiner Ansicht nach das Erkennen, Wertschätzen und Wirken des Selbst erforderlich. Dabei betrachte ich, wenn ich vom Selbst spreche, vor allem die beiden wesentlichen Bereiche: Körper und Seele. Natürlich auch unter der Betrachtung des Umfeldes, der Bedingungen, der Geschichte uvm., eben der Blick auf das Ganze, der unerlässlich ist, um einen erkrankten Teil des Ganzen zu heilen.

Ich glaube daran, dass wir das Potenzial dazu haben, uns selbst zu heilen. Damit meine ich nicht, dass wir mit Zahnschmerzen keinen Zahnarzt aufsuchen sollten, weil wir das schon allein hinbekommen. Selbst ist nicht gleichbedeutend mit allein. Im Gegenteil: Sich selbst zu heilen, das bedeutet auch, sich Hilfe zu suchen und anzunehmen. Im Notfall den Rettungsdienst zu alarmieren, bei einer schweren Erkrankung in eine Klinik zu gehen und sich mit seinem Leid Fachkräften anzuvertrauen, das heißt nämlich: Man sorgt für sich selbst und das steht in keinem Widerspruch zur Selbstheilung. Es geht vor allem um die innere Haltung. Es geht darum, Verantwortung für sich selbst zu übernehmen, abzuwägen, einzuschätzen, Entscheidungen zu treffen und bewusst zu wählen. Was tut mir gut? Was brauche ich? Was will ich? Was und wer heilt mich? Welche Hilfe nehme ich in Anspruch? Und nicht die Verantwortung für die Heilung vollkommen abzugeben an andere Menschen, auch nicht an Fachkräfte, an Medikamente oder Selbsthilferatgeber, auch nicht an Gurus oder Götter oder Kräutertees. Das alles aber mit einzubeziehen, davon auszuwählen und sich durch die Nutzung des Hilfsangebots selbst zu helfen – das ist Selbstheilung. Dieses integrative Vorgehen und das ganzheitliche Verständnis von Heilung sind keine egoistische Angelegenheit. Es geht bei der Selbstheilung immer auch um das Außen.

Wie es mir geht und wie ich mit mir selbst umgehe, das hat Auswirkungen auf meine Mitmenschen, auf meine Beziehungen, meine Arbeit, meine Umwelt. Ganz nach dem Motto: Rette dich selbst und damit die Welt. Der Selbstheilungsprozess ist nicht nur eine persönliche Angelegenheit; ich spreche von einem kollektiven Heilungsprozess. Jede einzelne Tat wirkt in der Welt. Gesunde Menschen vollziehen gesunde Taten. Gesundes Verhalten der Menschen bewirkt einen gesunden Planeten. Ich denke, dass der innere Frieden die Basis für den äußeren Frieden ist. Demnach ist jeder persönliche Schritt im individuellen Heilungsprozess ein Schritt auf dem kollektiven Heilungsweg.

„Nicht nur das Tiefste,
auch das Höchste
am Ich kann unbewusst sein."

Sigmund Freud

Der ganzheitliche Ansatz

Als ein fortwährender Prozess der Selbsterkenntnis ist der ganzheitliche Ansatz zu verstehen, indem man zu einem liebevollen Umgang mit sich selbst findet und sein Potenzial immer weiter entfalten kann. Wie erlangen wir denn nun Heilung? Das ist wohl die essenzielle Frage meines Lebens. Ich beschäftige mich seit Jahren mit dieser Frage und entdecke und entwickle immer umfassendere Antworten. Was ich bisher gelernt, erfahren und angewandt habe, fließt zusammen in einem ganzheitlichen Therapieansatz, dessen Grundzüge ich nun vorstellen möchte.
Das Ziel ist Heilung. Aber was ist Heilung, wie fühlt sich Heilung an? Ich bin für mich zu der Antwort gekommen, dass es darum geht, zufrieden zu sein. Was ist nun aber Zufriedenheit und wie erreichen wir sie? Zufriedenheit ist ein Zustand völliger Annahme und Loslösung, das Erkennen innerer Fülle, das Empfinden inneren Friedens, unabhängig von dem, was im Außen passiert, unabhängig davon, ob wir viel Geld verdienen, viele Freunde oder einen hübschen Körper haben. Erfolg, lebendige Beziehungen und körperliches Wohlbefinden können sich ganz sanft aus der Zufriedenheit heraus entwickeln. Erkennen wir das und damit uns selbst, erkennen wir uns ganz. Wir sind heil. Sich über sich selbst bewusst zu werden, mit allen Tiefen und Höhen, allen Schatten und all dem Licht,

ist ein Weg, um einen Zustand der Zufriedenheit zu erreichen. Und Zufriedenheit ist kein Zufall. Zufriedenheit ist auch kein Endziel, auf das wir angestrengt hinarbeiten müssen. Zufriedenheit bedeutet: Über Bewusstwerdung tiefes Vertrauen zu erlangen und immer wieder zu seiner Mitte zu finden, zum Frieden. Zufriedenheit bedeutet: Verantwortung zu übernehmen und dadurch Freiheit zu erfahren. Zufriedenheit ist eine Haltung, ein innerer Zustand, Zufriedenheit ist möglich und erlaubt und sogar hilfreich. Wie wir diesen Zustand von Freude und Gelassenheit erreichen, wie wir ausgeglichen und bewusst das Leben vollends ausschöpfen und genießen können, wie wir uns erfolgreich entfalten, frei denken und tiefe Zufriedenheit spüren können – das dürfen und das können wir entdecken, indem wir uns selbst heilen; uns ganz erkennen, wertschätzen und in der Welt wirken. Dann sind wir zufrieden. Man könnte auch sagen: dann sind wir erfolgreich:

Zufriedenheit und Erfolg entwickeln sich mit Hilfe der Bewusstwerdung über uns selbst und der Stärkung unseres Vertrauens in uns selbst und in das Leben.

Erfolg verstehe ich hier als Entwicklung von Zufriedenheit. Wir sind dermaßen verwickelt, wir haben verlernt, zufrieden zu sein, uns zu erkennen, können aber zu diesem Zustand zurück finden, uns erinnern, die Verwicklung auflösen – uns entwickeln. Erfolgreich können wir das tun, wenn wir dem folgen, was wir sollen. Wenn wir unserem Lebenssinn, unserem Ruf folgen. Das ist nicht zwingend gleichzusetzen mit materiellem Reichtum oder weltlichem Erfolg. Es geht vielmehr um den Prozess der erfolgreichen Selbsterkenntnis und -entfaltung. Es geht darum, ein glückliches, erfülltes Leben zu führen und anderen dazu zu verhelfen, ein glückliches Leben zu führen, zufrieden in der Welt zu sein und dadurch zu wirken – das ist erfolgreich.

Meiner Beobachtung und meinem Wissen, meiner Erfahrung nach ist ein Mensch, der heilt, zufrieden und erfolgreich. Eine Möglichkeit, bewusst in seinen eigenen Heilungsprozess einzusteigen ist: der selv-Ansatz. Das ist ein ganzheitlicher Heilungsansatz, den ich entwickelt und selbst durchlaufen habe und mittlerweile erfolgreich in meiner Therapiearbeit anwende. Dieser Ansatz ermöglicht umfassende Erkenntnisse. Dabei werden die beiden wesentlichen Bereiche – Körper und Seele – betrachtet und in einer Analyse kombiniert. Durch die Integration der beiden Bereiche in eine Persönlichkeitsanalyse ist es möglich, eine ganzheitliche und zugleich individuelle Entwicklung zu bewirken. Um die beiden wesentlichen Bereiche zu erforschen, zu betrachten und zu entwickeln, können verschiedene Strategien oder Methoden eingesetzt werden.

Hier ein paar Beispiele:

Seele – psychischer Bereich

- Arbeit mit dem inneren Kind
- Visionboardgestaltung
- Meditation
- Traumdeutung
- Kunst (freies Schreiben oder Malen u.a.) uvm.

Körper – physischer Bereich

- Atemübungen
- körperorientierte Achtsamkeitsübungen (Haltung, Beobachtung, Berührung, Bewegung)
- Yoga
- Ernährungsanpassungen
- Entspannungstechniken uvm.

Diese Methoden oder Tools werden in verschiedenen Phasen angewandt, um sich zu erkennen und zu entwickeln. Die vier Phasen der Persönlichkeitsentwicklung nach dem selv-Ansatz :

- Die erste Phase: Die **Selbsterkenntnis**
  Wer sich selbst, seine Stärken und Schwächen, seine Bedürfnisse und Konflikte erkannt hat, erhält die Chance, sich mit all dem anzunehmen und weiterzuentwickeln.

- Die zweite Phase ist: Die **Selbstliebe**
  Sind wir uns über uns selbst bewusst und befinden uns in einem liebevollen Zustand, können wir uns in unserer Gesamtheit zeigen, uns öffnen und unsere Ziele mit freudvoller Gelassenheit angehen.

- Die dritte Phase: Die **Selbstverwirklichung**
  Hier geht es darum, mit dem wiederhergestellten Vertrauen das erkannte Potenzial zu entfalten und seine Vision zu leben.

- Die vierte Phase: Die Entwicklung von **Zufriedenheit**
  Das Wirken in der Welt aus einem neuen Lebensgefühl heraus, geprägt von Freude und Gelassenheit, gibt Entspannung. Das Ergebnis eines bewussten, liebenden und wirksamen Menschen ist: seine Zufriedenheit. Das Ergebnis einer bewussten, liebenden und wirksamen Menschheit ist: Frieden.

Es geht bei dieser Arbeit, in diesem Selbstheilungsprozess darum, sich selbst zu untersuchen, unter die Lupe zu nehmen. Alle Bereiche mit einer wohlwollenden, neugierigen Haltung zu erforschen, zu beobachten und durch die bewusste Selbstwahrnehmung zu erkennen, wo etwas nicht ganz integriert ist, was uns schadet oder Leid verursacht und dann dort anzusetzen. Der Heilungsprozess beginnt bereits mit der Bewusstwerdung über die kaputte Stelle, über die Trennung bzw. den Schmerz, verläuft über die Annahme dessen, geht über die Ergründung der Ursachen bis zur Integration der leidvollen Erfahrung und führt schließlich zu einem bewussten, gesunden Umgang damit, der als Transformation zu verstehen ist. Ein neuer Umgang mit uns selbst und dem, was uns begegnet, führt zur Veränderung, zu einem Wandel. Dieser fundamentale Wandel lässt sich als Transformation bezeichnen und diese Transformation zieht sich schließlich durch alle Bereiche unseres Lebens. Unsere Gesundheit, unsere Beziehungen, unsere Arbeit; alles verändert sich, wenn wir uns verändern.

„Wer auf den rechten Weg will,
muß durchaus
durch sich selbst hindurch.“

Wilhelm Busch

Mein Weg der Heilung

Um den Ansatz der ganzheitlichen Selbstheilung besser zu verstehen, ist es vermutlich hilfreich, nachzuvollziehen, wie ich dazu gekommen bin. Damit ich einen Einblick in den Verlauf meines Erkenntnisprozesses geben kann, muss ich etwas ausholen und von meinem Weg der Heilung erzählen. Nicht als ausführliche Geschichte, aber als nachvollziehbaren Entwicklungsprozess, um zu verstehen, warum ich denke und tue, was ich denke und tue.

Wie wird man eigentlich zufrieden? Diese Frage beschäftigt mich im Grunde schon seit meiner Schulzeit. Nach der 12. Klasse habe ich das Gymnasium verlassen. Die Schule wollte ich bereits viel früher abbrechen, aber der mir von meinen Eltern übertragene, auch gesellschaftliche oder politische Zwang hielt mich gefangen. Du musst zur Schule gehen, es gibt die Schulpflicht, du musst einen Abschluss machen, studieren, arbeiten – sonst bist du nichts wert. Ob du gesund bist oder gar glücklich, das ist unwichtig. Klar hat das so direkt nie jemand gesagt, aber es ist die Botschaft, die alle andauernd vermittelt haben. Um mich herum nahm ich immerzu bloß unzufriedene große Leute wahr, keiner hatte Bock auf sein eigenes Leben, so wollte ich nicht werden. Also wählte ich, eine sozialpädagogische Ausbildung zu machen, weil ich verstehen wollte, wie der Mensch funktioniert, wie die Psyche sich entwickelt, wo der Grundstein für Zufriedenheit oder eben für die Unzufriedenheit liegt und mir war schon damals klar, dass Erziehung ein relevanter Aspekt ist, vielleicht sogar der Wichtigste. Pädagogik und Psychologie sind ein Feld, das mich also schon lange interessiert, meine zweite Leidenschaft war und ist: Kunst. Besonders: das Schreiben. Nach der Ausbildung lebte ich von Jobs im pädagogischen und im künstlerischen Bereich, nie etwas wirklich Festes, ich verdiente mein Geld mit Kinderbetreuung und Kleinkunstveranstaltungen. Ich musste erst einmal meine eigene Unzufriedenheit auf eine sehr ungesunde und schmerzhafte Weise ausleben, bis ich sie erkennen, analysieren und schließlich heilen konnte. Dazu gehörte ein Leben im Widerstand gegen gesellschaftliche Erwartungen und im Kampf gegen das politische System.

Ich verkaufte mich mir selbst als rebellisch, als mutig, dabei projizierte ich meinen inneren Konflikt ständig auf das Außen. Mein ganzer Protest, ob ich auf Demonstrationen am lautesten schrie oder die Partys am wildesten feierte, war ein Protest gegen mich selbst. Und damit möchte ich nicht behaupten, politischer Aktivismus und wilde Partys hätten keinen Sinn oder keine Berechtigung. Es geht darum, zu hinterfragen, warum tue ich, was ich tue? Welche Muster und welche Bedürfnisse stecken dahinter? Warum tue ich das wirklich? Freie Liebe und ein Leben ohne Bankkonto, Personalausweis und Krankenversicherung – ist das wirklich rebellisch oder steckt dahinter womöglich Angst? Angst ist ein sehr interessantes Gefühl, es kann sich mit vielen anderen Gefühlen überlagern und es kann eine Ewigkeit dauern, es zu entblättern.

Ich war damals nicht in der Lage, Angst zu spüren. Angst? Ich doch nicht. Niemals. Und so baute ich jahrelang Mauern um meine Angst, Mauern aus unsicheren Lebensumständen, unverbindlichen Beziehungen, unerfüllten Jobs und verkaufte mir dieses Verhalten selbst und allen anderen äußerst glaubwürdig als: Freiheit. Ich mache nur, was mir gefällt. Den Schmerz zu spüren, dazu war ich nicht bereit. Ich sollte erst noch tiefer sinken, richtig tief fallen, um wieder aufzustehen. Exzessiver Alkoholkonsum, toxische Partnerschaft, schwere Depressionen, das alles wurde mein Alltag, bis eine innerliche Dunkelheit fast mein Lebenslicht erlosch.

Im Grunde war ich bis zu meinem 30. Lebensjahr eine alte, zynische Schriftstellerin. So eine, die den ganzen Tag lang Schnaps säuft und Geschichten schreibt. Diese zwar stilvollendet formulierten, aber oft unbequemen Wahrheiten veröffentlichte ich in Büchern und auf Kleinkunstbühnen. Und erschaffte mir so eine Legitimation für mein Leid. Ich brauchte es. Für die Kunst. Ein Leser schrieb einmal folgenden Kommentar: Melanie Sengbusch verzaubert ihr Publikum mit atmosphärischer Dichte und einträglichen Bildern. Zwischen hartem Tobak und sanfter Melancholie erschafft die Künstlerin eine Poesie, die ist wie ein klammer Wintermorgen – von desolater Schönheit. Das war ich: Die desolate Schönheit. Mein trostloses, miserables Leben war so lange schön, bis mein Zustand lebensgefährlich wurde.

Ich kaufte mir das schillernde Dasein selbst ab. Die Wahrheit ist: meine offenen und leider auch gewaltvollen Partnerschaften waren selbstzerstörerisch, was mir erst sehr viel später bewusst wurde. Wenn es keine oder kaum konkrete körperliche, sondern psychische Gewalt ist, kann man sich das so unfassbar gut ausreden. Ich war abhängig, emotional, vielleicht zeitweise auch vom Alkohol oder anderen Substanzen und ich war schwer depressiv, mein Kind empfand ich als Belastung und finanzielle Sicherheit gab es nie, ich lebte von der Hand in den Mund und manchmal auch mit großem Hunger im Bauch. Irgendwann war ich trotz mehrfacher Therapieversuche immer noch sehr depressiv und am Ende meiner Kräfte. Körperlich äußerte sich dies in Untergewicht und Schlafstörungen, in zu schnellem Herzschlag und Kraftlosigkeit. Seelisch war ich ein Wrack, fragil, emotional instabil, gereizt, gestresst, unklar, ambivalent, voller Schuldgefühle, Zweifel und Panik, suizidal.

Davon wusste nur niemand. Nicht wirklich. Nicht jeder und ganz bestimmt nie alles. Ich konnte nicht darüber und über mich sprechen, weil ich mich selbst nicht klar sehen konnte. Ich konnte einige Dinge benennen, weil sie von anderen so diagnostiziert wurden und ich diese Schablonen übernommen habe, um mich an überhaupt etwas zu halten. Es war ein Versuch der Orientierung, eine Orientierung, die mir einen kleinen Teil des Weges dienlich war, vielleicht überlebensnotwendig, aber sie heilte mich nicht. Um Heilung, um Ganzwerdung, um das Verstehen, das Erkennen, das Annehmen und Loslassen, das Wertschätzen und Wirken, ging es nie. Verstehen konnte ich mich und was mit mir los war nicht und das konnte niemand, nicht meine Familie und Freunde, nicht mal meine Ärzte und Therapeuten.

Es war Weihnachten. Die Schulferien verbrachte ich mit meinem Sohn bei meinen Eltern in der Kleinstadt. Der Morgen war kühl, verregnet und grau, die Stimmung nicht weihnachtlich, sondern nasskalt. Da klingelte es an der Tür und ich öffnete. Mein damaliger Partner stand im Wohnungsflur, begrüßte mich, begrüßte die Familie und in dem Moment habe ich es gesehen. Ich konnte plötzlich klar sehen, die Wahrheit erkennen. Ich habe sein falsches Lächeln gesehen, all die Lügen, seine Maske. Und: ich habe mich zum allerersten Mal ganz klar gesehen. Ich habe gesehen, wie ich mich von mir selbst abgespalten habe. Ich habe gesehen, dass ich nicht mehr ich selbst oder in mir selbst war. Ich habe die Leere in mir gesehen, den Nebel, der mich verhüllt, die Blase, in der ich war; ich habe gesehen, dass das Leben mich verlassen hatte. Ich war nur noch eine körperliche Hülle, mein Wesen im tiefen Schlaf, versteckt, vielleicht tot. Dissoziation. Jedes Wort, das mein Partner an diesem Morgen zu mir sagte, war gelogen. Ich habe gesehen, wie die Lüge seinen Mund verlässt, bei mir ankommt und ich mich nicht dagegen wehre. Ich habe gesehen, wie ich erstarre, wie ich nur noch funktioniere, wie ich neben mir stehe, wie ich auf Autopilot agiere. Einige Tage später habe ich mich von ihm getrennt.

Warum es mir in diesem Moment möglich war, diese Art der Reflexion zu erfahren, mich selbst zu sehen und meinen dissoziierten Zustand zu erkennen, das weiß ich nicht. Vielleicht muss man erst einen gewissen Tiefpunkt erreichen, vielleicht hat es mit den individuellen Ressourcen zu tun, die der eigenen Persönlichkeit zur Verfügung stehen, vielleicht ist es Gnade. Vermutlich ist es komplex. Ich bin dankbar dafür. Für diese tiefe Einsicht, diesen Moment der Klarheit, der mein gesamtes Leben verändert hat.

Schon lange wusste ich um die Unehrlichkeit meines damaligen Partners, um die psychische Gewalt, die emotionale Manipulation und auch meine Anteile, die die toxischen Muster unserer Beziehung möglich machten und aufrecht erhielten und lang habe ich versucht, das zu leugnen, zu unterdrücken, immer wieder klein zu reden und vor allem: sein Verhalten zu rechtfertigen und ihm zu helfen. Ich habe seine psychische Verfassung als Entschuldigung benutzt, habe seine schlimme Kindheit als Erklärung angeführt, habe die Schuld sogar bei mir selbst gesucht, alles und allem habe ich die Verantwortung für sein Verhalten gegeben, nur nicht ihm selbst. Bis ich endlich erkannte, dass jeder für sich selbst verantwortlich ist. Ich konnte ihn nicht retten und das musste ich auch nicht. Ich musste mich retten.

Ich habe so viel gelitten und ich habe so viel Leid kreiert, so viele Menschen verletzt, Leid in Beziehungen gebracht und muss immer noch mit den Scham- und Schuldgefühlen umgehen. Ich möchte ganz deutlich betonen, dass es mir nicht darum geht, ehemalige Partner zu denunzieren, es geht auch nicht um Schuldzuweisungen oder Bloßstellungen. Im Gegenteil, ich empfinde tiefes Mitgefühl für die Menschen, mit denen ich in so enger Beziehung war und bin mittlerweile dankbar für die Lernerfahrungen, die das Leben mir schenkte. Auch, wenn es oft großen Schmerz bedeutete. Liebesbeziehungen sind vermutlich die härtesten Lehrer.

Die Verantwortung für sich selbst zu übernehmen, ist die Voraussetzung zur Heilung. Das heißt nicht, dass man sich keine Hilfe suchen sollte, auch ich hatte und habe meine Lehrer, Heilpraktiker, Ärzte, Therapeuten, Mentoren und Berater. Sich die Unterstützung zu suchen und einzufordern, die man benötigt, das ist bereits selbstverantwortliches Handeln. Jeder ist für sich selbst verantwortlich – das mag manchmal sehr hart klingen. Dass man für sich selbst verantwortlich ist, bedeutet allerdings nicht, dass man dafür verantwortlich ist, was einem geschieht.

Die Dinge, die einem im Leben passieren, sind oft nicht selbst verschuldet. Schließlich kann kein Kind etwas dafür, was die Eltern ihm antun, oft ist niemand Schuld an Unfällen oder Krankheiten und keiner ist verantwortlich dafür, in welche politische Lage oder welches soziale Milieu er hinein geboren wurde oder welche transgenerationalen Konflikte noch aufzulösen sind. Es geht nicht um Schuld.

Auch ich kann nichts für mein Trauma, das sich mir bis heute nicht gänzlich enthüllt, dessen Schatten ich aber immer weiter lichte und integriere. Wie so viele Menschen habe auch ich Leid erfahren durch bestimmte Erziehungs- und Bindungserfahrungen, durch unprofessionelle Lehrer, durch Krankheiten, Verluste, Unfälle, durch das gesellschaftliche oder politische System, durch transgenerationale ungelöste Konflikte, durch meine Partner und durch mich selbst. Leid existiert. Oft können wir nichts dafür. Und manchmal sind unsere Anteile größer, als wir denken. Es spielt letztlich keine relevante Rolle, wodurch wir Leid erfahren haben, eben weil es keine Schuldfrage ist. Sondern eine Frage der Haltung und der Bewertung.

Was uns passiert, passiert. Dafür können wir nicht immer die Verantwortung tragen. Aber: wie wir mit den Dingen, die uns passieren, umgehen, wie wir sie interpretieren, welche Bedeutung wir den Dingen geben – das liegt in unserer Verantwortung, das können wir beeinflussen. Wir können unser Leid kreieren. Und das bedeutet auch: Wir müssen nicht Leiden. Wir können uns auch heilen. Wir können bestimmen, wie wir mit dem, was wir als unser Leid bewerten, leben. Wir haben die Wahl. Wir müssen keine Opfer sein. Wir können uns verändern. Wir können unsere Sicht auf die Dinge verändern. Wir können damit aufhören, die Dinge als Leid zu bewerten. Wir können unsere Haltung verändern. Wir können uns über uns selbst bewusst werden. Wir können uns dazu entscheiden, das Leben und uns selbst anzunehmen. Wir haben Macht über unsere Entscheidungen. Wir kommen als vollkommene Wesen auf diese Welt, ausgestattet mit einem unendlichen Potenzial und wir haben die Möglichkeit, wieder die zu werden, die wir sind und unser Potenzial voll zu entfalten. Wir sind heilige (auch hier ist das Wort heil=ganz enthalten), schöne und wertvolle Wesen. Treffen wir die Entscheidung, die Verantwortung für uns selbst und unser Leben zu übernehmen, heilen wir nicht nur uns selbst, sondern tragen zur Heilung der Welt bei. Haben wir inneren Frieden entwickelt und leben unser Potenzial, kann auch der äußere Frieden folgen.

Als ich erkannte, dass ich selbst Anteile daran habe, wie mit mir umgegangen wird, dass ich mich für diesen Partner entschieden habe, dass ich zulasse, so behandelt zu werden, dass ich mich mit der Depression abfinde, quasi ohnmächtig hinnehme, dass in meinem Kopf scheinbar etwas anders läuft, dass ich ein Leben mit wenig Geld und ständiger Existenzangst akzeptiere, dass ich gewählt habe, Alkohol zu trinken, Drogen zu nehmen und Menschen Einfluss auf mein Leben zu geben, die mich manipulieren, mich verletzen, mich betrügen und belügen, als ich endlich sah, dass ich es bin, die diese Entscheidungen für ihr Leben trifft, dass ich schlecht mit mir umgehe und eine schlechte Behandlung durch andere zulasse, war der Schmerz unfassbar. Ich meine wortwörtlich unfassbar. Eine verwundete Seele, ein schmerzendes Herz – und so viel Leid davon habe ich zugelassen, habe ich mir selbst zugefügt.

An dem Morgen in den Weihnachtsferien sah ich mein kaputtes Selbst und wusste, so kann es nicht weitergehen, so will ich nicht sein, das kann ich mir und meinem Sohn nicht weiter antun. Und auch nicht der Welt. Die Verantwortung für sich als Mensch zu übernehmen, bedeutet auch, zu einer gesünderen Welt beizutragen. Ich will lebendig sein, ich will glücklich sein, ich will ein Vorbild sein. Ich will das Leben. Ich brauchte eine Wiederbelebung.

Mit dem Entschluss, die ungesunde Beziehung zu beenden, war mein Leben aber nicht plötzlich besser. Eigentlich fing die Arbeit erst dann richtig an. Nach der Trennung geriet ich in einen Strudel aus Unklarheit und Unachtsamkeit. Die Verarbeitung des Verlustes der engen Beziehung, das Erkennen meines Versagens, das Bewerten meines kaputten Lebens als Scheitern, nahm mir so viel Kraft. Plötzlich allein mit Kind und all dem Druck. Unbewusst betäubte ich meinen Schmerz, indem ich noch exzessiver lebte als bis dahin. Mehr Freiheit hieß für mich, mehr Feierei, mehr Exzesse, mehr alles. Mehr Dunkelheit. Aber schon bald auch mehr Licht. Ich hatte mich zwar aus meiner giftigen Partnerschaft befreit, war aber noch lange nicht frei.

Irgendwann, es dauerte ungefähr eineinhalb Jahre, war ich an den Punkt gekommen, dass ich sehr stark hinterfragte, was ich da tat. Dafür waren noch einige schmerzhafte Erfahrungen notwendig, aber schließlich wachte ich auf und konfrontierte mich mit mir selbst. Ich fragte mich, was Freiheit überhaupt für mich bedeutet, und ich wollte wissen, warum ich nicht glücklich war und zufrieden, wenn ich doch so frei lebte. Ich wollte herausfinden, ob mein Verhalten nicht vielmehr Zwängen unterlag. Ich war eine Getriebene, angstgesteuert, weiterhin verhaftet in toxischen Mustern. Ich wollte das nicht mehr. Ich wollte ein besseres Leben. Ich wollte wirkliche Freiheit erfahren und begab mich auf eine Reise zu mir selbst, die so wundervoll und heilsam war und immer noch ist, dass ich einiges davon teilen möchte, um den cokreativen Prozess, der dieses Leben ist, voll wahrzunehmen und auszukosten. Ich will erschaffen und mich erschaffen lassen, ich will dienen und mich hingeben, ich will Verbundenheit, Entwicklung und Lebendigkeit. Ich will wahre Freiheit.

Begonnen hat mein bewusster Weg der Heilung mit dem Entschluss, einen Entzug zu machen. Ohne dass ich mich zu dem Zeitpunkt als Abhängige oder Süchtige sah, diese Einsicht hatte ich erst viel später. Mein Konsumverhalten war gesellschaftlich akzeptiert, hier und da übertrieb ich es, generell führte ich eher ein wildes Leben mit gelegentlichen Exzessen, aber insgesamt war mein Lebensstil, zumindest in meinem persönlichen Umfeld, normal. Es ist in unserer Gesellschaft häufig gewöhnlich, zu trinken, Drogen zu nehmen, zu feiern, sich nicht zu binden, sich nicht in festen Arbeitsverhältnissen zu verpflichten, gerade in dem Milieu von Künstlern und Intellektuellen, in dem ich mich bewegte. Ich wusste aber, will ich noch klarer sehen, was Sache ist, will ich mich wirklich erkennen, dann darf ich mich nicht mehr betäuben, ich darf mich nicht weiter von mir ablenken. Ich verzichtete von heute auf morgen auf alle Suchtmittel, kein Schluck Alkohol, keine Zigarette, keine Pillen und Pulver und ich beendete auch alle Affären und On/Off-Beziehungen.

Dass es mir möglich war, diesen Entschluss zu fassen und auch zu leben, mit all dem aufzuhören und dadurch in eine Nüchternheit und auch Einsamkeit zu geraten, die Enttäuschung zuzulassen, das auszuhalten, mich und mein verkorkstes Leben ohne Hilfsmittel und Ablenkung, dafür war großes Leid notwendig. Und schließlich der Wunsch nach Heilung, der Wille es besser zu machen, für mich und für mein Kind und alle Menschen um mich herum.

Da war ich nun also: No Sex, Drugs – just Rock'n'Roll. Ja, beim Drüberlesen muss ich auch gerade kopfschüttelnd Lächeln. Was ist nur aus mir geworden? Wo ist das wilde Leben? Du Spießerin, höre ich Stimmen in meinem Kopf, die sich auf alte Glaubenssätze berufen. Es gibt sie eben immer noch, die Anteile in mir, die inneren Frieden langweilig finden und für die Ausgeglichenheit bloß „Esokram“ ist und die befürchten, das all das Wohlbefinden in Stillstand mündet oder in Verblödung, dass ich mir noch eine Hausratsversicherung, eine Perlenkette und einen Fernseher zulege und demnächst zum Sonntagsbrunch gehe.

Diese Stimmen dürfen sein. Ich habe sie lieb gewonnen, ich kann sie wertschätzen, sehen, würdigen und so werden sie nicht mehr übermächtig, gären nicht im Schatten vor sich hin, werden damit immer größer und treiben mich irgendwann in den Wahnsinn. Denn das können sie. Wenn man sie nicht bewusst wahrnimmt, ihnen nicht zuhört. Das habe ich selbst erlebt. Aber gut, wir waren bei meinem Entzug. Dem Entzug von jeglichen Suchtmitteln: Alkohol, Drogen, Sex und der Wahl stiller Einsamkeit und Klarheit.

In dieser Zeit wand ich mich intensiv dem Thema Persönlichkeitsentwicklung zu. Ich las unzählige Fachbücher zu Psychologie, Neurobiologie, Pädagogik, Physik, Philosophie, ich besuchte Seminare, belegte Kurse, ging zu Vorträgen, ich wollte noch tiefer wissen, wie Menschen funktionieren, wie ich funktioniere, wie ich zu der geworden war, die ich war, ob das wirklich ich war, worum es in meinem Leben geht, was überhaupt möglich für mich ist und was ich hier eigentlich zu tun habe. Es stellten sich mir die alten und immer wieder neuen Fragen: Wer bin ich? Und: Warum bin ich hier? Das ging neun Monate lang so.

Während dieser Zeit entdeckte ich verschiedene Methoden, die mir halfen, die Antworten auf meine Fragen zu finden. Die wohl mächtigste Methode, um an das heranzukommen, was in mir liegt, wer ich wirklich bin und was ich will, was das Leben für mich bereit hält, war und ist: Meditation. Ich werde noch näher auf verschiedene Methoden eingehen. Jedenfalls erkannte ich mit Hilfe des Wissens, das ich mir aneignete und mit der psychodynamischen Praxis, die ich bei mir selbst anwandt, wer ich bin und warum ich hier bin.

Diese Klarheit war eine neue Grundlage, auf der ich mein Leben von nun an ausrichtete. Zum ersten Mal hatte ich eine klare und stimmige Vision für mein Leben, ich erkannte den Sinn in meinem Dasein und entwickelte Schritt für Schritt meine Persönlichkeit immer weiter. Diese Selbsterkenntnis und stetige Weiterentwicklung war mir durch kontinuierliche Selbsttherapie möglich. Wie genau eine solche Selbsttherapie aussehen kann, wird in diesem Buch in den weiteren Kapiteln dargestellt.

Ich fühlte mich so stark und sicher, dass ich die Abstinenz beendete. Also fing ich wieder damit an, gelegentlich ein Glas Wein zu trinken, mal ein Glas Sekt zum Anstoßen oder ein Bier mit Freunden in der Kneipe, ich betrank mich nicht mehr, aber Alkohol war wieder oder noch immer Teil meines Lebens. Ich fing auch wieder mit dem Daten an. Ich wusste gar nicht genau, warum eigentlich. Das Bedürfnis nach Sex erschien mir nicht ausreichend und für eine neue Beziehung war ich noch gar nicht bereit, es war wohl wieder aus innerer Unruhe heraus, um mich abzulenken.

Ich war noch nicht zufrieden. Die alten Muster sind derartig fest verwickelt und das Entwickeln dauert seine Zeit. Und Rückfälle gehören zum Heilungsweg dazu. Meistens. Im Datingprozess trank ich auch wieder mehr, das ergab sich ganz nebenbei. Bis ich merkte, dass ich gar nicht wusste, warum ich das tat, dass ich mir im Grunde damit nicht gut tat und dass dieses Verhalten nicht meinen Zielen entsprach. Warum war ich nicht absolut konsequent darin, meine Vision zu leben? Das kognitive Erkennen ist eine Sache, das emotionale Erkennen eine weitere. Ich wusste mittlerweile viel über Persönlichkeitsentwicklung, über Psychologie, ich wusste sehr viel über mich, aber bis das Wissen zum Fühlen und dann zum Leben wird, kann es eine ganze Weile dauern. So wie ich damals schon sehr lange gewusst habe, dass mein Partner mir nicht gut tat, es aber viel Zeit brauchte, bis meine Emotionen so stark und mit dieser Erkenntnis kohärent waren, sodass ich mich endlich von ihm trennen konnte.

Eine Einsicht, die sich nicht emotional manifestiert hat, führt meist noch nicht zu einer Verhaltensänderung. Menschen, die rauchen und wissen, wie schädlich das ist, müssen dieses Wissen meist erst spüren, um wirklich ihr Verhalten zu ändern. Sie müssen das Wissen erfahren und zwar nicht nur rational, sondern emotional. Die Erkenntnis muss vom Kopf ins Herz rutschen, um es bildlich zu formulieren. Das kann durch Begeisterung oder durch Leid passieren. Der Raucher, der sich so sehr für den gesunden Lebensstil begeistern kann, weil er beispielsweise Elternteil wird und damit Vorbild sein möchte oder sich verliebt und für den nichtrauchenden Partner sein Verhalten möglicherweise erfolgreich verändern kann. Oder der Raucher, der seinen besten Freund an Lungenkrebs verliert, durch das erfahrene Leid zutiefst berührt und inspiriert wird, kann vielleicht auch endlich den Entschluss fassen, sein Verhalten zu ändern. Die Gründe, Anlässe und Motive können so vielfältig sein, aber meist müssen wir uns für etwas begeistern oder unter etwas leiden, um uns zu verändern.

Ich litt unter der damaligen Beziehungssituation, unter schweren Depressionen, unter Ängsten und dieses Leid musste erst ein bestimmtes Ausmaß annehmen, sodass ich mich derartig erbärmlich und kaputt fand, erst dann konnte ich mich bzw. die Situation, in der ich mich befand, verändern. Veränderung ist ein Prozess und ich durchlief in diesem Prozess unterschiedliche Phasen. Sich von Altem zu trennen, das Leid zu erkennen und loszulassen kann eine Phase sein. Die ich mit der Trennung und dem Entzug durchlief. Aber wenn das Alte nicht mehr ist, entsteht eine Leere oder Lücke, die gefüllt werden will, und hat man keine Vision davon, wie das Neue aussehen kann, oder ist die Vison, die man hat, bloß eine entfernte Vorstellung, ein Ideal und keine spürbare Bestimmung und hat man keine Strategien, um das neu Erkannte zu manifestieren, umzusetzen und auch zu leben, dann tauchen ganz schnell wieder die alten Muster auf. Eine weitere Phase ist also das Finden bzw. Erkennen einer neuen Lebensvorstellung, einer persönlichen Vision und Aufgabe und die konkrete Gestaltung derselben. Wenn das Alte nicht mehr ist, wie kann das Neue aussehen? Wie möchte ich denn stattdessen sein? Wie will ich mich fühlen? Was will ich mit meinem Leben machen? Und wie erreiche ich das? Was ist dafür zu tun? In der Phase der Selbsterkenntnis, in der ich mich stark weiterbildete, erkannte ich zwar die Vision für mein Leben. Es brauchte aber noch einen weiteren Entwicklungsschritt, um diese Vision auch zu verinnerlichen und auf die Erde zu bringen: die Phase der Selbstliebe. In dieser Phase geht es nicht mehr um Wissen, sondern um Fühlen. Denn, um wirklich zu verstehen und zu verändern, braucht es beides – den Kopf und das Herz, den Körper und die Seele: die ganzheitliche Erkenntnis.

Um sich selbst zu spüren, seine Gefühle überhaupt wahrzunehmen, zu erkennen und wirklich alle Emotionen zuzulassen, zu lesen und gesund mit ihnen umzugehen, bedarf es nicht nur der Selbsterkenntnis, sondern der Selbstliebe. Wenn ich zwar erkannt habe, wer ich bin, aber mich nicht annehme, werde ich mich nicht für mich einsetzen, die Verwirklichung meines wahren Selbst bleibt aus. Ich musste also die Vision, die ich für mich erkannt hatte, auch annehmen, in den Zustand der Liebe gelangen, um mich dafür einzusetzen, was ich vom Leben will. Die Methoden, um Selbsterkenntnis und Selbstliebe zu erlangen, sind ähnlich oder gar gleich. Nachdem ich mich intensiv dem Thema Selbstliebe zuwandte, erlebte ich endlich eine Veränderung – und diesmal von Grund auf. Da war sie: meine Wiederbelebung. Ich hatte mich erkannt und ich war in Liebe mit dem, was ich erkannt hatte. Nun konnte ich gar nicht mehr anders, als meine Vision zu leben. Dieser fundamentale Wandel ist die Transformation, die sich schließlich durch alle Bereiche meines Lebens zog. Ich entwickelte einen neuen Lebensstil durchzogen von Bewusstheit und Achtsamkeit. Ich nahm meine Bedürfnisse wahr und ernst, setzte mich für sie ein und in diesem Prozess veränderte sich einfach alles. Mein Tagesablauf, meine Ernährung, mein Schlaf, meine körperliche Fitness, meine berufliche Situation, mein Freundeskreis, die Beziehung zu meiner Familie, mein Aussehen, meine Gesundheit – ich hatte auch keine Angst mehr vor diesen Veränderungen, ich wusste, alles, was geht, darf gehen und dafür wird Neues kommen. Ich konnte endlich Loslassen und Annehmen. Der Verzicht auf Ablenkung durch Drogen, Partys, Affären u.ä. sorgte nicht mehr für Nüchternheit im Sinne einer Langeweile oder Leere, sondern für mehr Freiheit, für Lebendigkeit, ich war wirklich da und klar und glücklich, innerlich ruhig, zufrieden und auch immer erfolgreicher. Ich war auch nicht mehr einsam und bedürftig nach Dates und Beziehungen, ich war verbunden und in Liebe mit mir selbst. Plötzlich musste ich mich nicht mehr zur Mäßigung oder zur Betätigung zwingen oder auf meinen Verstand hören, der mir sagte, trink nicht so viel oder iss genug Obst und mach genug Sport; ich wollte nichts mehr, was mir schadet, weil ich mich endlich spürte, mich wertvoll fühlte und meine Existenz feierte. Ich konnte ganz selbstverständlich auf eine gesunde Art mein Leben genießen und mir wirklich gut tun. Ich war in Dankbarkeit für das Leben. Mein Selbst verlangte ganz natürlich nach Bewegung, nach gesunder Ernährung, nach Ruhe, nach Entspannung, nach Pflege, nach Kreativität, nach Nähe, nach Reichtum. Die Blockaden lösten sich. Ich war im Fluss. Ich befreite mich immer mehr. Ich erwachte immer tiefer. Ich war wieder verbunden. Mit mir. Mit dem Leben. Mit allen und allem. Ich entwickelte mich stetig weiter, meine Ziele und Visionen konnten auf die Erde kommen. Ich war lebendig, meine Beziehungen erblühten, meine Arbeit erfüllte mich, ich war wacher, stärker und ich war endlich zufrieden. Ich (oder vielleicht sollte ich besser sagen: das Leben) hatte mich wiederbelebt.

Erinnerst Du Dich noch an das Bild der alleinerziehenden, abhängigen, depressiven, arbeitslosen jungen Frau? Ich hätte nicht gedacht, dass ich mal einen solchen Wandel vollziehen würde. Ich habe mich lange nicht als diese leidvolle Person erkannt und auch nicht als das heile Wesen, das ich bin, gesehen. Der Wandel zu einer bewussten, autonomen, erfolgreichen und zufriedenen Frau war harte Arbeit. Es hat Entschlossenheit, Mut und Disziplin erfordert, was nicht bedeutet, dass es keine Freude bereitete. Die Angebote, die das Gesundheitssystem für mich bereit hielt, die Ärzte und Therapeuten, konnten mich nicht heilen. Ich denke, weil das System nicht auf Heilung (in meinem Verständnis von Zufriedenheit und Erfolg) ausgerichtet ist und weil es essenziell ist, dass man die Arbeit selbst macht. Nicht allein. Dieses Missverständnis erwähnte ich bereits. Ich bereue auch nicht, dass ich Therapien in Anspruch genommen habe und bin dankbar dafür, dass es diese Möglichkeiten gibt, das führt nur nicht zur Ganzwerdung, es kann bloß ein Teil des Weges sein.

Durch meine eigenen Erfahrungen und durch meine Selbstbildung und auch fachliche Ausbildung habe ich schließlich mein Verständnis von Heilung und dann auch irgendwann den Ansatz der ganzheitlichen Selbstheilung entwickelt. Man muss die Arbeit also selbst tun. Und es war für mich viel Arbeit, es war eine Herausforderung. Das bedeutet nicht, dass diese Arbeit ebenso leidvoll war, wie mein damaliges Leben, nein, diese Arbeit war voller Freude, Vertrauen und Hoffnung. Aber es war harte Arbeit. Um fünf Uhr morgens aufstehen, um zu meditieren, bevor das Kind aufwacht und in die Schule gebracht werden muss, den ganzen Tag lang arbeiten und am Abend zwischen Schulaufgaben und Selbstreflexion den Haushalt schmeißen und dann auch noch für die Überprüfung beim Gesundheitsamt lernen, um irgendwann die Heilerlaubnis für Psychotherapie zu erhalten, weil ich das als einen Teil meiner Vision, meiner Aufgabe erkannt hatte – das war eine anstrengende Zeit, aber es war eine gute Anstrengung. Ich wurde für die harte Arbeit stetig belohnt. Die anfängliche Anstrengung, die Überwindung, die Standhaftigkeit mündeten irgendwann in neue Gewohnheiten, in Gelassenheit, in Freude. Die Resonanz war und ist unglaublich, belebend und erfüllend. Je mehr ich mich in Bewegung setzte, desto mehr Kraft stand mir zur Verfügung, die Arbeit war nicht maßlos erschöpfend, die Energie, die ich aufbrachte, kam zu mir zurück und erfüllte mich, ich war plötzlich in der Fülle und nicht mehr im Mangel. Für jeden Schritt, den ich ging, wurde ich mit der Kraft für den nächsten belohnt. Ein nie zuvor gekanntes Gefühl der Sicherheit, der Zuversicht und Freiheit erfüllte mich. Antriebslosigkeit und Kraftlosigkeit? Die Depression, die Unzufriedenheit, die Erfolglosigkeit wurden zur Vergangenheit. Und: Ist das nicht ein Wunder?

Wie wir selbst dazu beitragen können, derartige Wunder in unserem Leben zu bewirken und damit auch in der Welt zu initiieren, das möchte ich nun im Folgenden teilen.

„Nicht zum Ausdruck gebrachte
Gefühle werden niemals sterben.
Sie werden lebendig begraben
und kommen später
auf hässlichere Weise hervor.“

Sigmund Freud

Haltung

Entscheidend für unsere Transformation ist unsere innere Haltung. Wir können uns selbst unter Druck setzen, in einen Optimierungswahn verfallen, uns Schuldzuweisungen machen, wenn etwas nicht so läuft, wie wir es uns wünschen und uns selbst verurteilen, weil wir es nicht besser hinbekommen. Mit dieser Härte werden wir allerdings nicht glücklicher und gesünder. Wir gehen oft derartig verbissen mit uns und unseren Zielen um, dass es viel Anstrengung bedarf, Dinge zu verändern. Gelassenheit ermöglicht einen natürlichen Flow, in dem sich die Dinge entspannt weiter entwickeln dürfen. Altes darf gehen, Neues kann kommen, das geht einfacher ohne Zwang und Druck, sondern mit Freude und Zuversicht. Und mit Milde. Einer der wertvollsten Hinweise ist: Sei sanft zu dir selbst. Sei dir selbst deine beste Freundin oder dein bester Freund. Für diese wichtigen Menschen hättest du vermutlich auch Verständnis, bist wahrscheinlich wohlwollender, freundlicher zu und nachsichtiger mit ihnen, als zu dir selbst, obwohl du der wichtigste Mensch in deinem Leben bist. Verhalte dich zu dir selbst so wertschätzend wie einem geliebten Freund gegenüber, danke dir für die Zeit, die du in dich investierst, hab Freude daran, etwas mit dir zu unternehmen, sei gern in deiner Gesellschaft, sprich liebevoll mit dir, denk liebevoll über dich. So oft tauchen

Stimmen in unserem Kopf auf, die uns runter machen und dann sind wir von uns selbst genervt und fühlen uns als Versager. So kann sich kein Erfolg einstellen. Folgen wir dem, was uns gut tut, uns Freude bringt, uns begeistert, uns Energie gibt und in einen Zustand von Fülle versetzt, dann sind wir auf dem richtigen Weg. Dafür kann man natürlich im Außen an Sachen rumschrauben, seine äußeren Bedingungen anpassen und verbessern, aber viel wichtiger ist es: sich innerlich klar auszurichten und sich genug zu fühlen. Auch, wenn wir etwas nicht sofort hinbekommen, Rückschläge erleben und nicht perfekt funktionieren. Wir sind genug. Das zu sehen und zu spüren, entspannt uns und durch die innerliche Entspannung kann sich sanft Veränderung einstellen. Vor allem ist unsere innere Haltung etwas, auf das wir Einfluss haben, nicht alle äußeren Gegebenheiten lassen sich für uns optimal wandeln. Begegne ich mir selbst liebevoll und friedlich, betrachte ich meinen Entwicklungsprozess aus der Haltung eines neugierigen, wohlwollenden Forschers, ist es möglich, wertfrei anzunehmen, was ist und loszulassen, was nicht mehr gebraucht wird. Wir kommen durch eine milde, erforschende Haltung uns selbst gegenüber in einen Fluss der Wandlung und verändern uns ganz natürlich auf eine angenehme Weise, dafür braucht es Entschlossenheit und Klarheit, genauso wie Geduld, Respekt, Vertrauen und Sanftmut uns selbst gegenüber.

In meiner Arbeit in der freien Kinder- und Jugendhilfe bin ich oft Kindern begegnet, die als besonders auffällig, schwer erziehbar oder gar psychisch krank galten. Meist waren dies Kinder, die viel Aufmerksamkeit einforderten, die für die zuständigen Erwachsenen und die anderen Kinder herausfordernd agierten und sich oft nicht an Regeln hielten. Jede Lehrkraft, jede Erzieherin, jeder Sozialarbeiter kennt solche Kinder. An den Schulen, an denen ich tätig war, gab es auch diese Kinder, deren Namen allen bekannt und deren Verhalten unerwünscht war. Oft mussten diese Kinder aus dem Raum oder gar nach Hause geschickt werden, manchmal gingen Dinge oder Menschen kaputt und ein paar Mal kam die Polizei. Die wenigsten Mitarbeiter kamen mit diesen Kids zurecht, viele wollten gar nicht mehr mit ihnen arbeiten. Ich hatte auf eine auffallend natürliche Weise einen Zugang zu diesen Kids und ich glaube, das lag vor allem daran, dass ich sie ernst genommen habe. Allerdings wollte ich die Probleme, die es an den Schulen gab, auch gern lösen, die Schwierigkeiten beseitigen. Lange habe ich versucht, die äußeren Umstände für diese Kinder zu verbessern, sodass ihre Bedürfnisse besser erfüllt werden konnten, aber damit geriet ich immer wieder sehr schnell an Grenzen. Zu wenig Personal, zu wenig Geld, zu wenig Raum. Ich versuchte es wirklich hartnäckig, holte mir externe Hilfe, Beratung uvm. Dabei hatte ich das Gefühl, immer wieder nur auf ein Symptom zu reagieren. Es wurde an einigen Stellen besser, leichter, aber die Schwierigkeiten lösten sich nicht auf, an anderen

Stellen ploppten sie wieder auf oder es entstanden neue. An einem verzweifelten Punkt fragte ich mich, was ich noch tun könnte, ich hatte doch alles in Bewegung gesetzt, alle Ressourcen genutzt, so vieles ermöglicht, was konnte ich denn noch tun? Da fiel es mir wie ein Geistesblitz ein: Ich konnte mich ändern. Ich konnte meine Haltung gegenüber diesen Kindern, ihrem Verhalten und der ganzen Situation gegenüber verändern. Ich konnte davon wegkommen, das als ein Problem zu bewerten, als Schwierigkeiten, weg von dem Kampf, hin zur Annahme, zum Frieden. Ich konnte sehen, dass es ein Geschenk war, eine Chance, eine Lernaufgabe für uns alle. Je mehr ich meine innere Haltung darauf ausrichtete, gelassen und freudvoll auf diese Kinder und diese Aufgabe zu blicken, je klarer und entspannter ich selbst war, desto mehr entspannten sie sich, entspannte die Situation sich. Kollegen fragten mich oft um Rat zu ihren „schwierigen" Kindern: Was hast du damals mit X gemacht? Meine Antwort lautete immer: Ich habe gar nichts mit X gemacht. Ich habe an mir selbst gearbeitet.

Das ist nur ein kurzer Exkurs und die Geschichte könnte noch viel ausführlicher erzählt werden, aber es geht nicht um diese Geschichte und auch nicht darum, dass wir nicht versuchen sollten, ungünstige Systeme, gewaltvolle Strukturen und schädliche Umstände zu verändern, sondern darum, dass wir auch immer etwas verändern können, wenn wir nicht weiter wissen und die äußeren Umstände noch so schwierig erscheinen: Unsere innere Haltung.

Checkliste Teil 1

Ich habe gelernt, dass ich selbst die Verantwortung für mein Verhalten übernehmen darf. Ich darf wählen, welche Entscheidungen ich treffe, welchen Vorbildern und Ratgebern ich folge, welche Beziehungen ich führe, welche Arbeit ich ausführe, wie ich für mich selbst sorge.

Ich habe gelernt, dass ich die Verantwortung für mich habe UND dass ich mir Hilfe holen darf. Ich darf lernen, ausprobieren, Medizin und Therapie in Anspruch nehmen.

Ich habe gelernt, dass ganzheitliche Heilung bedeutet, die zwei wesentlichen Bereiche Körper und Seele zu erforschen.

Ich habe gelernt, dass Heilung nicht linear verläuft, sondern in sich stetig vertiefenden Phasen mit dem Ziel, immer wieder in einen Zustand von Zufriedenheit zu gelangen.

Ich habe gelernt, dass Heilung nicht die Abwesenheit von schmerzvollen Erfahrungen bedeuten muss, sondern dass es um einen gesunden Umgang damit geht, geprägt von Annahme und Loslösung.

Ich habe gelernt, dass meine Haltung eine entscheidende Rolle spielt und eine sanfte, geduldige, liebevolle, neugierige, erforschende Haltung mir selbst gegenüber grundlegend für den Heilungsprozess und die Entwicklung von Zufriedenheit und einem erfolgreichen Leben ist.

Teil 2 Theorie

Im theoretischen Teil geht es um das Basiswissen, das erforderlich ist, um erfolgreich in die Praxis zu kommen. Es ist der edukative Teil, der sich mit psychischen Mechanismen beschäftigt, die wir, um sie zu verändern, erst einmal erkennen und verstehen müssen.

Bewusstwerdung

Das Leben passiert. Unfassbar vieles davon passiert allerdings unbewusst. Einerseits können wir gar nicht alles bewusst wahrnehmen, wir leben also in einer gefilterten Version der Welt. Andererseits tragen wir aktiv dazu bei, einiges vor uns geheim zu halten. Wobei aktiv nicht zwangsläufig auch bewusst bedeutet. Was wir tun, um Gefühle zu verdrängen, Bedürfnisse zu unterdrücken und Konflikte abzuspalten, ist uns oft gar nicht klar. Wir können es aber entdecken, uns dem zuwenden und Klarheit über uns und unsere inneren Muster erlangen.

Wir rauchen in der Pause eine Zigarette, um einen bestimmten Druck oder Stress nicht zu fühlen, wir trinken am Abend oder am Wochenende Alkohol, um einen Mangel an Freude, an Lust oder auch fehlenden Mut zu kompensieren oder um Ängste und Sorgen nicht zu spüren. Wir kaufen Dinge, spielen Spiele, sehen Serien, um uns abzulenken, um von etwas abzulenken.

Dass wir diese Verhaltensmuster etabliert haben, wissen wir nicht immer und noch weniger ist uns bewusst, warum oder wozu wir uns diese Muster angeeignet haben. Diese unbewussten Muster sind irgendwann einmal wichtig für uns gewesen, wir brauchten eine bestimmte Verhaltensweise, ein Denkmuster oder einen Glaubenssatz, um uns vor etwas zu schützen, um zu funktionieren oder sogar um zu überleben. Es geht demnach nicht darum, diese Muster als falsch oder dumm oder schlimm zu bewerten; im Gegenteil, sie waren einmal sehr wichtig für uns. Leider ist es allerdings so, dass viele der unbewussten Muster uns langfristig schaden, uns unzufrieden machen oder sogar krank. Deshalb ist es wichtig, sich darüber bewusst zu werden, was wir tun, warum wir es tun und was wir eigentlich tun wollen. Zwangsläufig stellt sich hier die Frage: Was wollen wir wirklich?

Will ich das dritte, vierte oder fünfte Bier jetzt tatsächlich noch aus reinem Genuss trinken? Oder will ich dadurch gerade ein Gefühl unterdrücken, mich in einen anderen Zustand bringen? Will ich nicht eigentlich klar und wach den Moment erleben, das Leben wirklich wahrnehmen und genießen? Statt durch eine ungesunde Substanz künstlich Gefühle zu erzeugen und zudem körperlichen Verfall zu generieren? Will ich nicht im Grunde echt sein, einfach ich selbst und mich und andere wirklich spüren? Warum trinke ich dann?

Will ich das Kleidungsstück wirklich kaufen oder will ich damit einen Mangel an Selbstwert kompensieren? Will ich mich denn tatsächlich über Äußerlichkeiten definieren und von anderen bewerten lassen? Warum shoppe ich dann immer wieder Dinge, die ich gar nicht brauche?

Will ich wirklich noch aus Interesse und Freude eine Folge der Serie sehen oder will ich mich damit von meiner ungeliebten Arbeit, von meiner Langeweile oder meiner

Einsamkeit ablenken? Will ich nicht lieber ein erfülltes Leben führen und meine Zeit sinnvoll nutzen? Warum schiebe ich also andauernd Dinge auf?

Will ich diese anstrengende, unerfüllte Beziehung tatsächlich führen oder will ich bloß das Alleinsein vermeiden? Und will ich nicht eigentlich lebendige, liebevolle und sichere Beziehungen ohne Angst leben? Warum gebe ich mich mit weniger zufrieden, was sollen die faulen Kompromisse?

Welches Anliegen steckt hinter unserem Verhalten und ist es tatsächlich so, dass wir diesem eigentlichen Anliegen nachgehen wollen? Um das herauszufinden, müssen wir uns über unsere Bedürfnisse, aber auch über unsere Werte bewusst werden. Wenn wir uns ehrlich damit konfrontieren, warum wir etwas tun, dann erkennen wir oft, dass wir Tätigkeiten nachgehen, Beziehungen führen, Entscheidungen treffen, die gar nicht dem entsprechen, was wir wirklich vom Leben wollen und was unseren Wünschen und Werten entspricht. Wir sind nicht integer. Wir ertappen uns dabei, wie wir Kompromisse leben, wie wir uns eine scheinbar sichere Welt kreieren, anstatt uns dem zu stellen, was uns wirklich erfüllt und was wir uns in der Tiefe wünschen. Ich verwende bewusst die Formulierung „sich dem stellen", obwohl es doch viel sinnvoller und schöner klingt, ein erfülltes Leben zu führen – sich dem hinzugeben, ist allerdings alles andere als einfach. Das fühlt sich auch nicht durchgehend unglaublich super an. Dafür ist es wahrhaftig; es ist echt; es ist wirklich und das können wir dann auch fühlen. Es ist kein kurzfristiges, oberflächliches Glück, wie durch das Trinken von Alkohol oder das Kaufen eines Kleidungsstückes; es ist ein tieferes, nachhaltiges, vollkommen friedliches Gefühl. Dazu brauchen wir die Auseinandersetzung mit unserem wahren Selbst, unseren hellen und dunklen Seiten, unseren Ängsten, Sorgen, Sehnsüchten, Konflikten, Bedürfnissen und Werten. Wir brauchen die Konfrontation mit der oft schmerzhaften Wahrheit und den Mut zur Veränderung. Veränderung bringt zwar immer einen Gewinn von etwas Neuem, bedeutet aber auch einen Verlust des Alten. Das Alte erscheint uns oft erst einmal leichter, wir verwechseln meist Gewohnheit oder sogar Abhängigkeit mit Liebe und Routine mit Sicherheit. In sicheren Gewohnheiten zu leben, möchte ich ebenfalls nicht bewerten, das ist weder gut noch schlecht und jeder kann sein Leben so führen, wie er es für richtig hält. Wer allerdings einen Zustand von innerer Freude und Gelassenheit erreichen möchte, wer das Leben auskosten und sein Potenzial voll entfalten will und wer endlich tiefe Zufriedenheit empfinden möchte, der muss sich der Herausforderung der Bewusstwerdung stellen und sich selbst in der Tiefe begegnen.

Erkenne dich selbst – das ist nicht nur eine uralte Weisheit. Selbsterkenntnis als Methode der Persönlichkeitsentwicklung ist grundlegender Teil der ganzheitlichen, integralen Analyse. Erkenne, wer du wirklich bist und was du willst, dann musst du nicht mehr sein, wie andere dich gern hätten, und tun, was andere von dir erwarten. Dein Leben gehört dir. Nutze die Möglichkeit, selbst die Verantwortung für dein Leben zu übernehmen. Der ganzheitliche Ansatz, den ich entwickelt habe, hilft dabei, sich über seine Muster bewusst zu werden, neue Verhaltensweisen zu etablieren und gesunde Glaubenssätze zu verinnerlichen, um eine starke, wache und freie Persönlichkeit zu entwickeln, aber vor allem: um sich selbst in seiner Gesamtheit anzunehmen, um bedingungslose Liebe zu fühlen, im Glück und im Unglück. Der Weg über die Selbsterkenntnis führt zur Selbstliebe und Vertrauen und schließlich zur Selbstverwirklichung. Und: Wir dürfen in der Welt wirken. Das Leben wartet auf uns. Jeder einzelne hat so viel zu geben. Jeder Mensch ist wertvoll. Werden wir uns über unseren Wert bewusst und entwickeln ein starkes Selbstwertgefühl, behandeln wir uns besser, leben gesünder, gehen liebevoller mit uns um und das wirkt sich auch auf andere aus.

Drei Fragen haben mir in vielen Momenten geholfen, mir über bisher Unerkanntes bewusst zu werden und gesündere Entscheidungen zu treffen:

1. **Will** ich das?
2. Will **ich** das?
3. Will ich **das?**

Will ich das oder denke ich, ich muss das, oder mache ich das aus Gewohnheit oder Angst oder um etwas zu vermeiden, aber nicht weil ich es wirklich will?

Und will **ich** das wirklich oder sind es gesellschaftliche Erwartungen, die Ideale meiner Eltern, meiner Familie, Ansprüche, die gar nicht meine sind, die da agieren und etwas wollen?

Und will ich **das**, wirklich das, um was es da geht oder wünsche ich mir das im Grunde etwas verändert oder ganz unterschiedlich oder in einer anderen Art und Weise oder sogar gar nicht?

Halten wir also einen Moment inne und stellen uns diese drei Fragen, können wir unsere eigentlichen Motive entdecken, unsere Muster erkennen, Klarheit darüber gewinnen, welche Bedürfnisse, Wünsche und Ängste wir haben, was eigentlich hinter unserem Verhalten steckt und uns dann auch entsprechend anders verhalten.

Bedeutung, Bewertung & Gefühle

Ein entscheidender Teil unserer Unzufriedenheit resultiert aus der Bewertung oder Bedeutung, die wir den Dingen geben. Alles, was uns passiert, bewerten wir meist automatisch. Dabei können wir uns über unsere Bewertungsprozesse bewusst werden, uns dabei ertappen und die gewohnten Muster zu unseren Gunsten durchbrechen, um die Dinge neu zu bewerten. Wir können aus einem inneren Mangel heraus oder aus einer inneren Fülle heraus unser Leben betrachten und die Dinge bewerten. Das einfachste Beispiel ist wohl das Wetter. Na toll, es regnet, der Tag ist grau, meine Stimmung ist gedrückt, wie soll ich denn so glücklich sein und einen erfüllten, schönen Tag erleben? Es regnet doch nur, damit ich frustriert und deprimiert bin. Oder: Es regnet, ich kann unabhängig davon Freude empfinden, ich kann die Wohltat für die Natur erkennen, ich sehe das Gute und Schöne daran, ich habe die Macht, mir den Tag auch mit Regen schön zu gestalten, indem ich es mir drinnen gemütlich mache, umplane oder raus gehe und den Regen einfach sein lasse, vielleicht sogar genieße, wie ein Kind, das das Wetter nicht bewertet, sondern annimmt, wie es ist und möglicherweise sogar durch die Pfützen springt. Es regnet und es geht mir gut, egal was für ein Wetter heute ist. Wir koppeln unser Wohlbefinden und unsere Stimmung viel zu oft an äußerliche Geschehnisse und Gegebenheiten, weil wir einen inneren Mangel kompensieren müssen. Wenn wir innerlich zufrieden sind, müssen wir uns nicht mehr abhängig vom Außen machen, weder das Wetter, noch der Job oder der Partner sind dann für unsere Stimmung und unser Glück verantwortlich, wir selbst können die Entscheidung für ein glückliches Leben treffen. Die Art und Weise, wie wir bewerten und deuten, hängt oft mit unseren Glaubenssätzen zusammen, die wir in der Kindheit erlernt haben und die uns meist gar nicht bewusst sind. Was ich durch meine Bezugspersonen als Kind erfahren habe, ist so tief verankert, dass es meine Verhaltensweisen und Denkmuster auch im Erwachsenenalter bestimmt. In jedem von uns steckt das Kind, das wir einmal waren und oft noch sind. Es gibt keine perfekten Eltern und fast jede Kinderseele hat Verletzungen erfahren. Dabei müssen es nicht immer die grausamsten Szenarien sein, manchmal reicht ein Blick der gestressten Mutter, der uns sagt, dass wir nicht erwünscht sind, ein Satz des anspruchsvollen Vaters, der uns suggeriert, dass wir nicht genug sind, ein Kommentar eines Lehrers, der uns glauben lässt, dass wir dumm sind. Als Erwachsene beeinflussen diese Kindheitserfahrungen, wie wir uns selbst sehen und wie wir unsere Umwelt interpretieren. Das Augenrollen des Kollegen beziehen wir auf uns und fühlen uns nicht erwünscht, weil eine Kindheitserfahrung in uns getriggert wird, beispielsweise eine längst vergangene Situation mit Mitschülern oder einem Lehrer und wir übertragen unsere Emotionen auf die aktuelle Beziehung zu unserem Kollegen. Die Vorwürfe eines Freundes empfinden wir als persönlichen Angriff und fühlen uns nicht richtig, weil uns das an die Ansprüche erinnert, die ein Elternteil immer an uns gestellt hat und die wir nie erfüllen konnten. Das abweisende Verhalten des Partners deuten wir als Abwertung unserer Person und fühlen uns ungeliebt, so wie damals als unsere Mutter sich uns im gestressten Zustand nicht zuwenden konnte und wir uns dafür die Schuld gegeben haben. Dabei rollt der Kollege mit den Augen, weil er einen stressigen Tag hat, der Freund wirft mit Anschuldigungen um sich, weil er in seiner Liebesbeziehung frustriert ist und unser Partner hat Ärger auf der Arbeit und reagiert deshalb abweisend. All diese Verhaltensweisen haben nichts mit uns persönlich zu tun, das Kind in uns empfindet aber den Schmerz der Kindheit und sorgt dafür, dass wir die Dinge so deuten, wie wir sie deuten, und meist zu unserer Unzufriedenheit bewerten. Kleine Kinder können nicht differenzieren zwischen objektiver und subjektiver Kritik. „Das war falsch", wird empfunden als ein, „Du bist falsch." Der dadurch gestörte, mangelhafte Selbstwert, wird in entsprechenden Situationen deutlich, beispielsweise wenn wir zulassen, dass andere ihre Gefühle auf uns projizieren. So wie Erwachsene damals oft ihre eigenen Probleme auf uns projizierten und wir uns dadurch auch noch verantwortlich fühlten, wenn es den großen Leuten nicht gut ging und in diesem unerträglichen Gefühl von Schuld haben wir uns komplexe Muster und Masken gebastelt, um zu funktionieren. Irgendwann aber funktioniert das nicht mehr, wir funktionieren nicht mehr und wir fragen uns, warum unsere Beziehungen immer wieder scheitern oder wir auf der Arbeit nicht den Erfolg erfahren, den wir uns wünschen; wir erkranken an Depressionen, haben Migräne oder Magengeschwüre, weil das Aufrechterhalten unserer Muster und das Tragen unserer Masken so viel Kraft braucht und eine derartige Anstrengung ist, dass wir nicht selten extrem darunter leiden. Demnach ist es eine unfassbare Befreiung, seine Masken zu erkennen und abzunehmen, sein inneres Kind zu heilen und Frieden zu entwickeln. Alle Last fällt von einem ab, die Müdigkeit, die Traurigkeit, die Wut, die Depression, die Angst, der Zwang, die Erschöpfung, die Schuld und das erste Mal im Leben fühlen wir uns wirklich wach, frei und zufrieden. Weil alles sein darf. Vollkommene Annahme. Keine Bewertung. Der Weg dahin sieht für jeden anders aus und es bleibt vermutlich ein lebenslanger Prozess, weil wir immer noch tiefer erkennen und erwachen können.

Ich glaube daran und beobachte in meiner Arbeit, dass es möglich ist, sich zu heilen und ein Leben in Freiheit zu führen. Und ich vertrete die Meinung, dass jeder das Recht auf ein glückliches und freies Leben hat, jeder ist es wert und ich werde nicht müde, dies zu betonen: die Zuwendung zur persönlichen Entwicklung ist keine egoistische Arbeit, im Gegenteil. Denn ich denke: Nur durch den inneren Frieden kann sich äußerer Frieden entwickeln. Zu überprüfen, wie bewerte ich diese Situation, dieses Verhalten etc., woher kommt eigentlich meine Bewertung, kann ich auch eine andere Perspektive einnehmen und das ganz anders bewerten, kann überaus hilfreich und befreiend sein.

Die Sache mit den Gefühlen

So häufig bewerten wir auch unsere Gefühle. Angst, Wut und Traurigkeit sind in unserer Gesellschaft meist negativ bewertete Gefühle. Das wollen wir nicht haben, so sollen wir nicht sein. Das lernen wir ganz früh und haben später so feste Mechanismen entwickelt, um uns vor den vermeintlich negativen Gefühlen zu schützen, sie nicht zu fühlen. Dabei gibt es gar keine negativen Gefühle. Und das ist der große Trick. Alle Gefühle sind wichtig, haben einen Sinn. Schaffen wir es, alle Gefühle da sein zu lassen und ihnen sogar Raum zu geben, sie zu hören, zu sehen, zu lesen, können sie uns gar nichts tun, sie schaden uns nicht, sie helfen uns sogar.

Angst lässt uns vorsichtig sein, weist auf Gefahren hin, Wut zeigt uns Ungerechtigkeit und Grenzverletzungen auf, Traurigkeit hilft uns dabei, Schmerz und Verletzungen zu verarbeiten. Unterdrücken wir diese Gefühle, lenken uns von ihnen ab, bewerten sie als negativ, dann verpassen wir wichtige Botschaften und müssen Energie in meist ungesunde Abspaltung oder andere aufwendige Abwehrmechanismen investieren. Können wir die Gefühle wahrnehmen, spüren, hinfühlen, sind sie bloß wie Wolken, die aufziehen, einen Moment da sind und dann wieder weiter ziehen. Lassen wir sie nicht da sein, müssen sie immer größer und damit auch bedrohlicher werden, bis sie irgendwann platzen und der Regen auf uns nieder strömt. Vielleicht schaffen wir es das nächste Mal, wenn wir wütend, ängstlich oder traurig sind, zu spüren, dass wir es sind und diese Gefühle sogar einzuladen, ihnen zu begegnen: okay, du bist jetzt da, was willst du mir sagen, mir zeigen, welche Botschaft hast du für mich?

Manchmal gibt es da etwas Wichtiges zu erkennen und manchmal geht es nur darum, sich einmal in diesem Gefühl zu spüren, es da sein zu lassen, tief durchzuatmen und dann wieder weiter ziehen zu lassen. Manchmal verbieten wir uns auch Gefühle, die üblicherweise positiv bewertet werden. Freu dich nicht zu früh, sei bloß nicht zu ausgelassen, zu fröhlich, zu laut, zu lebendig, zu sanftmütig, zu liebevoll.

Vielleicht gibt es auch Kindheitserfahrungen, alte erlernte Glaubenssätze, die uns verbieten, uns richtig zu freuen und wahrhaftige Euphorie, Lust, Ekstase, Glück, Genuss, Leichtigkeit und Gelassenheit zu empfinden. Dem nachzupüren und sich darüber bewusst zu werden, welche Gefühle bewerte ich negativ, welche positiv, welche darf ich haben, welche nicht – das kann ganz viel Druck und Verkrampfung auflösen. Ein bewusster Umgang mit unseren Gefühlen, und zwar mit all unseren Gefühlen, ist grundlegend, um zu heilen.

Bindung & Autonomie

Wahrscheinlich hat jeder schon einmal den Begriff Grundbedürfnisse gehört oder kennt sogar die Maslowsche Bedürfnispyramide, an deren Basis die physiologischen Bedürfnisse wie Hunger, Schlaf usw. stehen und an deren Spitze das Bedürfnis nach Selbstverwirklichung steht. Die Beschäftigung mit den eigenen Bedürfnissen ist innerhalb der ganzheitlichen Persönlichkeitsentwicklung Teil der Selbsterkenntnis. Um sich und seine Bedürfnisse besser zu verstehen, ist es wichtig, sich einmal unsere psychologischen Grundbedürfnisse anzusehen.

Ganz grundlegend begleiten uns ein Leben lang zwei Wünsche: der Wunsch nach Bindung und der Wunsch nach Autonomie. Aus der vollkommenen Symbiose im Mutterleib werden wir in die Freiheit geboren, sind aber weiterhin bedürftige und abhängige Wesen. Ohne Bindung können wir uns nicht gesund entwickeln und selbstständige Persönlichkeiten werden. Wir brauchen die Sicherheit, die Verbundenheit und die Nähe, genauso wie wir die Unabhängigkeit, die Freiheit und die Distanz brauchen. Je nachdem, wie unsere Bezugspersonen uns diese beiden Bedürfnisse in der Kindheit erfüllt haben, streben wir als Erwachsene mehr nach dem einen oder anderen, wobei sich der Schwerpunkt in verschiedenen Lebensphasen oder in unterschiedlichen Beziehungen auch verlagern kann und wir mal mehr den abhängigen und mal mehr den unabhängigen Part einnehmen.

Aufgrund der Bindungserfahrung und Bedürfniserfüllung als Kind und der vorgelebten elterlichen Beziehung entwickeln wir sogenannte Bindungsmuster, die sich in unseren späteren Beziehungen äußern, in beispielsweise sicherem, unsicherem oder ambivalentem Verhalten. Aufgrund der Erfahrungen mit unseren Bezugspersonen entwickeln wir ebenfalls entsprechende Schutzstrategien und Abwehrmechanismen, um in der Welt zu funktionieren. Wir projizieren, rationalisieren, sublimieren, verdrängen, vermeiden, verleugnen und vieles mehr, das alles kann dazu führen, dass wir unsere Beziehungen als anstrengend erleben und unsere Entscheidungen nicht wirklich frei treffen können.

Wir passen uns zu sehr an oder grenzen uns zu sehr ab, wir sind dauernd damit beschäftigt, unsere gelernten Muster auszuagieren und unsere Schutzmechanismen aufrecht zu erhalten. Wir sind nicht wirklich wir selbst. Auch, weil wir uns selbst und unsere Strategien gar nicht gut kennen und durchschauen können. Wenn wir uns über uns und unsere Muster bewusst sind, können wir uns in ihnen ertappen, uns regulieren und verändern, sodass wir ehrliche und glückliche Beziehungen führen können, als selbstständige Erwachsene und nicht als abhängige Kinder. Erkennen wir, dass wir nicht mehr in Abhängigkeit sind, sondern uns um uns selbst kümmern können, entwickeln wir Selbstvertrauen und wir können uns zeigen, so wie wir sind, ohne Masken, ohne Schutz- und Abwehrmechanismen, ohne toxische Muster. Unsere Bindungsmuster zu kennen, ermöglicht uns sichere und stabile Bindungen einzugehen und gesunde Beziehungen zu führen, in denen auch unser Autonomiebedürfnis, der Wunsch nach Freiheit, Wachstum und Entfaltung erfüllt werden kann.

Bindung und Autonomie scheinen oberflächlich unvereinbar zu sein, bedingen sich aber in der Tiefe gegenseitig und lassen sich ausbalanciert leben, wenn wir uns über das erlernte Beziehungsverhalten unserer Kindheit bewusst werden, erkennen wir unsere eigenen Wünsche und Werte und lernen, diese zu kommunizieren. Uns selbst gegenüber radikal ehrlich zu sein, ist schwierig und wichtig für die eigene Zufriedenheit. In unseren Beziehungen absolut ehrlich zu sein, ist auch schwierig und wichtig für den Frieden miteinander. Wir können diese Authentizität, diese Ehrlichkeit entwickeln, in dem wir erkennen, welches Bindungsverhalten wir leben. Habe ich Angst vor Verlust? Habe ich Angst vor Einengung? Habe ich Angst, unfrei zu sein? Habe ich Angst, mich abzugrenzen? Habe ich Angst vor Nähe? Habe ich Angst vor Trennung? Und was sind meine Schutzstrategien, wehre ich diese Ängste möglicherweise durch ungesunde Verhaltensweisen ab?

Sich als erwachsene Person zu erleben, die sich selbst lieben und sich das Gefühl von Schutz, von Verbundenheit geben kann, genauso wie sie sich das Gefühl von Freiheit geben und Selbstbestimmung und Selbstwirksamkeit erfahren kann, das ist sehr befreiend und stärkend. Als reife gesunde Person sind wir fähig, uns selbst die Bedürfnisse nach Bindung und Autonomie zu erfüllen. Das zu erkennen und zu leben, löst unsere Abhängigkeit auf und wir können wirklich frei lieben und erfüllte Beziehungen führen.

Integrität, Intuition & Spiritualität

Woher wissen wir, was das Beste für uns ist? Zum einen können wir uns nach unserem Gefühl richten, was fühlt sich gut an? Allerdings: Nicht alles, was sich gut anfühlt, ist auch richtig und damit langfristig gut für uns. Eine Affäre kann sich im Moment gut anfühlen, langfristig kann dies unsere Partnerschaft zerstören. Ein Drogenrausch kann sich toll anfühlen, uns aber sehr krank machen. Was sich gut anfühlt und Glücksgefühle auslöst, ist immer in Relation zu unseren Werten zu setzen. Wollen wir das Richtige, das Beste für uns und andere tun und damit eine gesunde Entwicklung für uns und unser Umfeld begünstigen? Das heißt nicht, dass wir nicht tun können, was uns Spaß macht und sich gut anfühlt. Wir können aber herausfinden, was uns Freude bringt und gleichzeitig unsere Integrität nicht verletzt, sodass wir nachhaltig zufrieden sind und nicht bloß kurzfristiges Glück erleben, aber anschließend dauerhaft Schuld oder Selbsthass empfinden und uns und anderen schaden.

Beschäftigen wir uns mit unseren Werten, wird uns klar, dass wir gelegentlich in Bedürfnis-Werte-Konflikte geraten. Ich habe das Bedürfnis, ein Steak zu essen, aber mein Wert Gerechtigkeit lässt mich ein schlechtes Gewissen haben, weil ich weiß, wie unfair Tiere behandelt werden und wie schlecht sich der Fleischkonsum auch auf das Leben anderer Menschen und auf unseren Planeten auswirkt. Nehme ich meine Bedürfnisse wahr und überprüfe meine Werte, kann ich bewusst die richtige Entscheidung für mich treffen. Ich kann mir angucken, was hinter meiner Lust auf ein Stück Fleisch steckt. Ist es der Appetit auf etwas Herzhaftes oder Deftiges? Den kann ich auch auf andere Weise stillen und mit einem guten Gewissen mein Bedürfnis befriedigen. Ist es die Gewohnheit? Meine Erziehung, meine Sozialisation? Meine Vorstellung von einem guten Essen oder hängt dieser Wunsch sogar mit meinem Rollenbild zusammen? Ich „brauche" ein Stück Fleisch, um dabei anerkannt und ein „richtiger" Mann o.ä. zu sein? Habe ich ein Bild von Geselligkeit, von glücklichen Grillabenden oder harmonischen Familienessen dabei im Kopf? Liegt darunter also vielleicht das Bedürfnis nach Nähe, nach Sicherheit, nach Freude o.ä.? Warum will ich, was ich will? Woher kommen meine Wünsche, meine Bedürfnisse, meine Lust? Dies zu ergründen, ist wichtig, um uns wirklich zu verstehen und unsere Bedürfnisse in Einklang mit unseren Werten zu bringen und sie auf eine Weise zu erfüllen, die uns stärkt und nicht schadet oder sogar krank macht.

Innerer Friede stellt sich ein, wenn wir unsere Bedürfnisse im Einklang mit unseren Werten erfüllen. Werte geben uns Halt und Klarheit. Wenn wir wissen, was uns wichtig ist, können wir uns auch dafür einsetzen, ein Standing entwickeln und unsere Integrität leben. Eine integre Lebensweise führt zu innerlicher Stärke und Zufriedenheit, auch wenn der wertvolle Weg nicht immer der einfache ist. Oberflächlich kann Integrität Überwindung kosten oder Schmerz bedeuten, wir üben uns beispielsweise kurzfristig in Verzicht, um langfristig Frieden zu erfahren. Menschen, die unsere Werte nicht teilen, werden gehen. Und das ist okay. Denn dafür werden sich aufrichtige Beziehungen entwickeln mit Menschen, die ähnliche Werte, Ziele und Visionen haben. Es kann auch sein, dass wir Menschen verlassen werden, unseren Arbeitsplatz verändern und unseren Freundeskreis weiter entwickeln, weil wir feststellen, dass wir bisher nicht so ganz integer waren. Und dieser Prozess ist Arbeit, der bedeutet auch Anstrengung, unser Gehirn mag alte Muster, darin fühlen wir uns sicher und Veränderung bedeutet immer etwas Neues, Unbekanntes, das ist erstmal eine Herausforderung. Dazu kommt: Wer für seine Werte eintritt, ist manchmal unbequem. Aber das Potenzial, das sich entfalten kann, leben wir unsere Werte, ist unermesslich. Integre Menschen verwandeln nicht nur sich selbst, sondern die Welt.

Woher kommen meine Werte? Schnell denken wir an Werte, wenn wir uns fragen, was uns wichtig ist. Dann kommen die großen Begriffe: Ehrlichkeit, Respekt, Loyalität usw. Es ist hilfreich, sich zu fragen, woher kommen diese Werte wirklich? Sind das meine Werte? Oder ist das eigentlich meinen Eltern wichtig gewesen? Meinem Partner oder meinem Chef? Hierzu kann es sehr wirksam sein, in Meditation zu gehen, darum zu bitten, die eigenen Werte zu erkennen und sich zu lauschen, in sich zu spüren, welche Werte steigen in mir auf, wo ist eine Resonanz, wo spüre ich einen Ruf, eine Freude, Frieden, wenn ich daran denke, diesen Wert zu leben? Oft sind Werte auch etwas Abstraktes.

Klar, Ehrlichkeit klingt gut. Das wollen bestimmt viele leben. Aber was heißt das denn? Werden wir konkret, müssen wir uns damit beschäftigen, wie es aussieht, wenn wir unsere Werte leben. Heißt Ehrlichkeit für mich, nicht zu lügen? Ist es bereits unehrlich, wenn ich nicht alles offen erzähle, also Dinge verheimliche? Wo bin ich nicht ehrlich zu mir selbst? Hat man einmal (und ich würde empfehlen mindestens 5 bis 10) Werte für sein Leben erkannt, kann einem dies eine wichtige Führung sein und in schwierigen Situationen eine hilfreiche Orientierung bieten. Zudem entfaltet sich Freude und Frieden, leben wir unsere Werte in allen Lebensbereichen. Es kann sogar richtig Spaß machen, achtsam sein Leben nach seinen Werten auszurichten, das Wohlbefinden, die friedliche Resonanz, die wir dann spüren, ist sehr heilsam.

Bemühen wir uns, uns zuzuhören, unserer inneren Stimme, unserer Intuition zu lauschen, zeigt sie uns, was für uns wichtig ist, wie wir leben sollen. Um ein zufriedenes und erfolgreiches Leben zu führen, müssen wir uns nicht nur damit beschäftigen, was wir wollen, sondern auch damit, was wir sollen. Oder anders gefragt: Was soll ich wollen?

Intuition halte ich für einen Kanal, der über unser Denken hinaus geht. Die intuitive Wahrnehmung ist nicht bloß die Wahrnehmung von eigenen oder kollektiven Gedanken und Gefühlen. Es ist auch interessant, was unser Verstand und was unsere Emotionen zu melden haben, doch gibt es so etwas wie eine Weisheit, die größer ist als wir, aus der wir schöpfen oder erkennen können, was wir sollen. Wer oder was wir sind, was unsere Aufgabe ist, was das Richtige ist.

Manche Menschen nutzen Religionen als Werkzeug zur spirituellen Praxis, folgen Geboten und Ritualen, die durch einen Propheten manifestiert wurden. Ich denke, es kommt nicht so sehr darauf an, an welche Lehre, an welche Religion man glaubt oder welcher Philosphie oder Wissenschaft man folgt. Es ist wichtig, eine eigene spirituelle Praxis zu entwickeln, um sich selbst zu erkennen. Gehen wir davon aus, dass wir Wesen sind, die mehr sind als unser Körper, mehr als die scheinbar vergängliche Materie, das Stoffliche, der Leib, können wir auch mit diesem „Mehr" umgehen. Manchen Menschen genügt bereits die Differenzierung zwischen Körper und Seele. Die Seele als das „Mehr" zu erkennen, kann schon ein wichtiger Schritt sein.

Ich verwende die Begriffe Körper und Seele auch in meiner Arbeit und differenziere da noch etwas drittes, noch ein „Mehr". Ich bin mir unsicher darin, wo genau und ob sich da überhaupt feste Grenzen ziehen lassen. Jeder nutzt die entsprechenden Begrifflichkeiten anders. Manche Menschen nutzen auch die drei Begriffe: Körper, Seele und Geist, um zu differenzieren und damit zu arbeiten. In meiner psychologischen oder therapeutischen Praxis hat es sich für mich als hilfreich etabliert, Körper und Seele zu differenzieren. Beides lässt sich für mich und meine Patienten wahrnehmen, es gibt Wechselwirkungen, wir können auf beides Einfluss nehmen und damit umgehen, wenn Teile erkranken. Wir können also in dieser Welt mit unseren Möglichkeiten körperlich und seelisch wirken. Darüber hinaus konnte ich für mich erkennen und diese Erfahrung haben auch schon viele andere Menschen geteilt, dass es etwas gibt, das mehr ist als das. Etwas, das uns in Trancezuständen, in tiefer Meditation, in einem starken Flow begegnet und das immer ganz ist. Eine Ebene, auf der wir immer heil sind, erfüllt, zufrieden. Eine transzendente Ebene, mit der wir in Kontakt kommen können, die weder unser Körper noch unsere Seele ist, die aber wahrnimmt, dass wir einen Körper und eine Seele haben und die dadurch wirkt. Diesen Zustand, diesen Kontakt zu erleben, halte ich für essenziell. Das ist eine heilsame Erfahrung. Machen wir diese Erfahrung und erkennen uns als spirituelle Wesen, kann das zu einer so mächtigen Transformation führen, dass wir uns und unser Leben grundlegend wandeln.

Unsere Intuition (und das ist nur, wie ich diesen Begriff nutze) ist eine gute Wahrnehmungs- oder Kommunikationsmöglichkeit, um mit dieser größeren, weiteren Ebene in Kontakt zu sein. Wie wir unsere Intuition stärken und immer sicherer mit unserem wahren Wesenskern, dieser transzendenten Ebene, kommunizieren, kann ganz unterschiedlich aussehen. Aber dass wir eine eigene spirituelle Praxis für uns entwickeln, halte ich für wichtig. Ob es das Gebet ist, das Meditieren, das Wandern, das Tanzen, das Sein in der Natur uvm., das muss jeder für sich herausfinden. Es kommt nur darauf an, dass wir in Kontakt mit unserem wahren Selbst kommen, erkennen, dass wir einen Körper und eine Seele haben, durch die wir in dieser Welt wirken können und dürfen, und erkennen, wie wir das sollen. Diese Erkenntnis führt schließlich dazu, dass wir uns dem Leben und unserer Aufgabe hingeben können, dass wir aus der Fülle schöpfen, in Fluss kommen und uns verbunden und im Einklang fühlen können. Und uns diese Verbundenheit, diese Größe und Weite bewusst machen können, auch wenn unser Körper oder unsere Seele Schmerz erfahren.

Nachdem ich erklärt habe, wie grundlegend Bewusstwerdung für uns ist, welch tiefe Bedeutung unsere Kindheitserfahrungen im Hinblick auf Bindungsmuster und Schutzmechanismen haben und dass es von Relevanz ist, seiner inneren Stimme zu lauschen, Werte für sein Leben zu erkennen und Spiritualität in seinem Leben einen Platz einzuräumen, möchte ich zum praktischen Teil kommen, indem wir über verschiedene Phasen uns selbst analysieren und eine ganzheitliche Entwicklung bewirken.

Checkliste Teil 2

Ich habe gelernt, mich immer wieder zu reflektieren und mein Handeln zu hinterfragen. Will ich das?

Ich habe gelernt, dass es wichtig ist, mir die Motivationen, die Absichten und Bedürfnisse hinter meinen Entscheidungen, meinen Gefühlen und Gedanken bewusst zu machen.

Ich habe gelernt, dass ich nicht immer beeinflussen kann, welche Dinge mir passieren, aber welche Bedeutung ich den Dingen gebe, ist meine Wahl.

Ich habe gelernt, dass meine Kindheitserfahrungen stark beeinflussen können, wie ich die Dinge bewerte und wie ich mich verhalte.

Ich habe gelernt, dass ich unterschiedliche Perspektiven einnehmen und aus einem Mangel heraus oder aus einer Fülle heraus bewerten kann.

Ich habe gelernt, dass alle Gefühle da sein dürfen, sogar wichtig sind und Botschaften für mich haben.

Ich habe gelernt, dass die Bedürfnisse nach Bindung und Autonomie ein Leben lang ausbalanciert werden wollen und dass es dafür wichtig ist, eigene Muster und Masken zu erkennen, sich zu ertappen und selbst zu regulieren.

Ich habe gelernt, dass Selbstwahrnehmung grundlegend für Entwicklung und Veränderung ist. Ob es um meine Bedürfnisse geht, meine Gefühle oder Gedanken, meine Abwehrmechanismen oder Glaubenssätze, je bewusster ich mich wahrnehme, desto gezielter kann ich mich regulieren und gesunde Entscheidungen für mich treffen.

Ich habe gelernt, dass ich Kontakt zu meiner inneren Stimme aufnehmen und mich darin üben kann, meiner Intuition zu lauschen und zu vertrauen.

Ich habe gelernt, dass ich mich selbst führen kann, indem ich mir über meine Werte bewusst werde und diese lebe.

Ich habe gelernt, dass ein integeres Verhalten zu langfristiger, nachhaltiger Zufriedenheit führt.

Ich habe gelernt, dass es eine Ebene gibt, in der ich immer heil bin, groß, weit und mit allem verbunden.

Ich habe gelernt, dass es wichtig ist, eine eigene spirituelle Praxis zu etablieren, um mit dieser tiefen, weiten Ebene in Kontakt zu sein.

Teil 3 Praxis

Im praktischen Teil geht es nun darum, ganz konkret in die Arbeit mit sich selbst einzusteigen.
Es werden die verschiedenen Phasen der Persönlichkeitsentwicklung nach dem selv-Ansatz dargestellt und entsprechende Möglichkeiten, Fragen und Übungen angeboten, um mit der Arbeit in den einzelnen Phasen zu beginnen und diese weiter zu entwickeln.

Anleitung

Ich empfehle, das Buch erst einmal ganz durchzulesen, um eine Vorstellung davon zu bekommen, wo die Reise überhaupt hingeht. Zudem lassen sich die Phasen nicht strikt voneinander abgrenzen, sondern beeinflussen sich gegenseitig. Es gibt keine lineare Heilung, eher verläuft der Prozess wellenartig oder spiralförmig. Wir drehen immer weiter unsere Runden, gewinnen immer tiefere Erkenntnisse und wachsen stetig weiter. So durchlaufen wir die einzelnen Phasen nie endgültig. Wir können jetzt anfangen, aber wir werden nie am Ende sein. Es gibt keinen festen Zeitraum und wir sind nicht nach ein paar Monaten oder nach einem Jahr fertig mit der Arbeit und am Ziel angekommen.

Beginnen wir die Arbeit, wird sie zu unserem Alltag, zu unserem Leben; sie wird natürlich. Haben wir uns einmal auf den Weg begeben und den Entschluss gefasst, lernen und wachsen wir ein Leben lang weiter. selv ist also nicht endlich. selv ist ein Lebensbegleiter. Dabei ist der Einstieg in den bewussten Prozess sicherlich eine intensivere Arbeitsphase, in der wir viel Neues über uns lernen, Methoden ausprobieren, rausfinden, welche Übungen uns gut tun und irgendwann haben wir uns soweit erkannt und uns ganz neue Gewohnheiten angeeignet, eine für uns gesündere Lebensweise entwickelt, dass wir nicht mehr darüber nachdenken müssen, diese Arbeit zu tun, sie ist einfach da und die Arbeit wird auch nicht als Arbeit in dem Sinne empfunden.

Beim Durcharbeiten der verschiedenen Phasen Selbsterkenntnis, Selbstliebe und Selbstverwirklichung ist es erforderlich, sich dem möglichst ruhig und konzentriert zuzuwenden. Es sollte idealerweise nicht nebenbei der Fernseher laufen oder in einem kurzen Zeitfenster zwischen zwei wichtigen Terminen schnell etwas abgehandelt werden. Es sollte vielmehr an einem Ort gearbeitet werden, an dem man sich gut fühlt, sicher, entspannt und an dem man auch die nötige Ruhe, Zeit und Freiheit hat, seinen inneren Prozessen zu lauschen. Vielleicht entwickelt man auch ein Ritual, zündet immer eine Kerze an oder bereitet sich dazu einen besonderen Tee o.ä.. Bringen wir dieser Arbeit eine bewusste Wertschätzung entgegen, ist das bereits aktive Selbstliebe. Wir haben uns dazu entschlossen, uns zu entdecken, weiter zu entwickeln, zu lernen und das darf angemessen gewürdigt, gefeiert und auch belohnt werden.

Diese Arbeit sollte keinem Druck und keinem Zwang unterliegen, es sollte sich anfühlen wie etwas, das man sich gönnt. Es ist im Grunde eine Entscheidung für inneren und äußeren Frieden, sich diesen Raum zu nehmen und sich dadurch bewusst etwas Gutes zu tun, um dann auch

Gutes in der Welt zu tun. Das widerspricht sich nicht damit, dass man die Phasen mit einer gewissen Disziplin durcharbeiten kann. Manches erfordert anfänglich auch die Offenheit, Neues zu versuchen, sich einzulassen, zu überwinden und auch regelmäßig zu üben. Wir sind dann im Training. Und sich für dieses Training eine Struktur zu schaffen, die in den eigenen Alltag passt oder bewusst freie Zeiten zu wählen, ist hilfreich. Feste Termine, eine Regelmäßigkeit und das Dranbleiben sind grundlegend. Gern mit Pausen und Tagen dazwischen, um Dinge wirken oder aufsteigen zu lassen und dann immer wieder das entschiedene Zurückkommen, das entschlossene Weitermachen.

Den Kern der Arbeit bilden Fragen. Gute Fragen können ein Schlüssel zu Transformationsprozessen sein. Wir haben durch gezielte Fragen die Möglichkeit uns richtig kennenzulernen, uns zu verstehen, zu reflektieren und damit dann auch uns zu regulieren, zu stärken, uns anzunehmen oder manches aufzulösen und zu verändern.

Es ist empfehlenswert, die Fragen schriftlich zu beantworten und sich dafür die nötige Zeit zu nehmen. Hilfreich ist es, immer wieder in einen achtsamen Zustand zu gehen, zwischendurch tief ein- und auszuatmen, die Augen mal zu schließen und ganz frei alles aufsteigen zu lassen, was kommen will. Ratsam ist es auch, vor der Verschriftlichung mit einigen der Fragen in eine Meditation zu gehen und sich dafür zu öffnen, welche Antworten in uns liegen. Manche Fragen sind mit ein paar Stichpunkten abgehandelt, andere vielleicht in einem mehrseitigen Text oder es braucht Bilder,

Skizzen und Fotos. Achte auf Deine inneren Impulse. Deine Eingebungen. Es gibt keine richtigen oder falschen Antworten, alles, was uns in den Sinn kommt, darf sein. Versuchen wir hierfür in uns hinein zu hören, der Stille zu lauschen und ganz wertfrei Gedanken, Ideen, Bilder und Worte aufsteigen zu lassen. Wichtig für die Arbeit ist eine offene, respektvolle und sanfte Haltung uns selbst gegenüber. Nehmen wir die Rolle eines neugierigen Forschers ein oder einer wohlwollenden Freundin, können wir geduldiger und liebevoller mit uns umgehen. Alles, was gefragt wird, ist relevant und alles, was darauf geantwortet werden will, auch. Alle Gedanken und Gefühle in uns sind willkommen, dürfen sein. Nehmen wir die Gedanken und Gefühle einfach wahr, können sie dazu dienen, uns zu erinnern, uns zu sehen, uns zu erkennen, wie wir wirklich sind und uns immer weiter zu entwickeln.

Die Ergebnisse können unterschiedlich ausgedrückt, gestaltet oder aufbereitet werden. Vielleicht ist es gut, die Antworten in einem besonderen Notizbuch festzuhalten. Vielleicht ist für den einen ein Ordner am Computer hilfreich und für den anderen ein Skizzenblock. Manche Menschen tippen Erkenntnisse lieber in ihr Handy und andere gestalten große Pinnwände über dem Schreibtisch oder verteilen Klebezettel in der ganzen Wohnung. Ob Du ein ganzes Kreativbüro Zuhause einrichtest oder Dein persönliches Tagebuch nutzt, das wählst Du und das darf sich während des Prozesses oder in unterschiedlichen Phasen auch verändern und entwickeln.

Du findest die Antworten in Dir. Das bedeutet nicht, dass Du keine Lehr- oder Hilfsmittel nutzen darfst. Im Gegenteil. Fang damit an, offen für die Antworten zu sein und sie werden Dich auf unterschiedlichen Wegen erreichen. Beginne damit den Entschluss zu fassen: zu lernen, zu studieren, zu entdecken, zu erforschen, zu recherchieren auf die Art und Weise, die Dir ganz persönlich gut tut. Du wirst sicherlich einiges an Material anziehen, das Dir weiter hilft, vielleicht zieht es Dich in die Buchhandlung oder Stadtbibliothek, zu Vorträgen und Kursen oder Dich erreichen passende Informationen und Inspirationen über das Internet, über Blogs, Videos oder Podcasts.

Bevor es losgeht, möchte ich nochmal ausdrücklich empfehlen, sich das regelmäßige Meditieren anzueignen. Meditation ist eine wirksame und hilfreiche Methode, um tiefe Selbsterkenntnis und Klarheit zu erlangen, inneres Wissen anzuzapfen, Entspannung, Freude und Verbundenheit zu erfahren. Meditation bedeutet im Grunde: Die Zuwendung zu mir selbst, zu meiner Mitte/meinem Inneren. Durch das bewusste Lenken der Aufmerksamkeit nach Innen, auf die eigenen Gedanken und Gefühle, auf den eigenen Körper oder die Atmung, kann man es schaffen, den Fokus von der Außenwelt abzuziehen und sich in eine besinnliche Versenkung zu begeben, in der alles aufsteigen darf, was aufsteigen möchte, bis hin zu einem Zustand vollkommener Ruhe und Loslösung. Das funktioniert wahrscheinlich nicht immer und sofort. Wir können das Meditieren aber üben und unseren unruhigen Geist wie einen Muskel trainieren, indem wir uns regelmäßig Zeit für Meditation nehmen. Auf welche Art und Weise Du gern meditierst, das musst Du natürlich für Dich selbst herausfinden. Es gibt aktive Meditationen: Schütteln, Trance-Tanz u.ä. oder eben das stille Sitzen oder Liegen oder auch angeleitete Meditationen. Manche Menschen meditieren beim Spazierengehen in der Natur, andere lieber im eigenen Bett. Es kann mal das stundenlange Versinken in bestimmte Fragen sein und mal eine Fünfminutensequenz der Stille und des bewussten Atmens. Es gibt online unzählige, auch kostenlose Angebote, die Du nutzen kannst. Probier aus, was Dir wirklich gut tut. Neue Übungen brauchen einige Zeit, um ihre volle Wirkung zu entfalten und zur Routine zu werden. Also unbedingt regelmäßig, am besten täglich meditieren und sind es anfangs bloß die zehn Minuten am Morgen oder Abend, an denen Du Dich besinnst und bewusst wählst, Dir selbst zu lauschen.

Meditationsübung (5–10 min.) für Anfänger:

Setze Dich bequem und aufrecht hin. Schließe Deine Augen. Atme tief ein und wieder aus. Fühle, wo Dein Körper die Sitzfläche berührt und lenke Deine Aufmerksamkeit vom untersten Punkt der Wirbelsäule langsam bis nach ganz oben zur Kopfspitze. Mache Deinen Rücken gerade. Entspanne Deine Schultern, Deinen Nacken, Deinen Kiefer, Deine Hände und Finger durch kurzes, sanftes Schütteln oder Kreisen. Lenke Deine Aufmerksamkeit nun auf Deine Atmung. Spüre, wie Dein Brustkorb sich hebt und wieder senkt. Lass Deine Gedanken einfach sein und komme mit Deiner Aufmerksamkeit immer wieder zurück zur Atmung. Atme wirklich tief ein, ziehe die Energie, Wachheit und Klarheit mit der Luft in deinen Körper, spüre die kurze Pause und atme dann lange wieder aus und lasse all den Stress und die Anspannung mit dem Ausatmen gehen. Wiederhole dies für mindestens 5 bewusste Atemzüge. Komme dann wieder langsam im Alltag an, lege Deine Hände auf dein Herz, spüre die Ruhe und Erholung in Dir und danke Dir für diesen Moment der Entspannung.

Und abschließend noch ein wichtiger Hinweis: Bleib nicht allein. Diese Arbeit ist zwar eine Arbeit mit Dir selbst und vieles kannst oder solltest Du auch allein tun, aber bleibe nicht mit allem allein, was Du erkennst, was Du entdeckst. Teile Dich mit, sprich mit Freunden oder Familie über Deinen Prozess, teile die Freude und Neugier daran, hole Dir Zuspruch und Ermutigung oder einfach mal ein offenes Ohr für das, was Dich gerade beschäftigt. Wir brauchen den Spiegel. Wir brauchen Verständnis. Wir dürfen uns auch feiern und Anerkennung für die Arbeit abholen. Und manchmal brauchen wir auch fachliche Unterstützung. Wenn in dieser Arbeit mit Dir selbst Dinge auftauchen, die Dich überfordern, alte Verletzungen auf eine zu starke Weise schmerzen oder Du mit herausfordenden Triggern umgehen musst, nimm die Hilfe in Anspruch, die Du brauchst. Gespräche mit Vertrauenspersonen sind unerlässlich im Heilungsprozess. Ob es einen guten Freund gibt, der Dich unterstützen kann oder ein Coaching oder eine Therapie sinnvoll ist, vielleicht ist auch ein Arzttermin oder ein Besuch in einer Beratungsstelle notwendig, das musst natürlich Du entscheiden. Aber: Bitte bleib mit der Belastung nicht allein. So wie Du Dein Glück und das Schöne und Neue teilen darfst, darfst Du auch Deinen Schmerz, das Alte und Anstrengende teilen, um zu heilen.

Selbsterkenntnis

Wir beginnen mit der Analyse unserer Persönlichkeit und widmen uns in der ersten Stufe der Selbsterkenntnis. Die erste Stufe ist unterteilt in drei Ebenen:

- Ich und das innere Kind
- Die Bedürfnisse und Werte
- Die Ziele und Visionen.

Wir befassen uns einmal mit den Basics und stellen uns die großen Fragen: Wer bin ich? Was will und brauche ich? Und warum oder wozu bin ich hier? Sich diesen Fragen ganz ernsthaft und respektvoll zuzuwenden und sich bewusst zu machen, was wir wirklich im Leben wollen, ist nicht unbedingt einfach und schnell abzuhandeln. Es ist sinnvoll, sich dafür entsprechend Zeit zu nehmen. Wir können diese Fragen auch eine Weile mitnehmen und in uns wirken lassen, darüber nachdenken und uns nach einiger Zeit zur Beantwortung entscheiden. Wichtig dabei ist, dass wir uns selbst zuhören, dass es bei der Beantwortung um uns geht und nicht darum, wie andere uns sehen oder was irgendjemand von uns erwartet. Wir dürfen frei denken und groß denken, auch wenn uns manches vielleicht erst einmal unerreichbar oder verrückt erscheint, wenn es aus uns selbst kommt, ist es relevant für uns.

Dieser erste, wichtige Teil bildet die Basis der weiteren Arbeit. In dieser Phase befassen wir uns auch mit unserer Kindheit. Um uns genauer zu analysieren und zu verstehen, wie wir handeln und denken, ist es wichtig, uns bewusst darüber zu werden, was für Lernerfahrungen wir gemacht haben, was für Glaubenssätze uns heute noch prägen und welche Denk- und Verhaltensweisen wir uns aufgrund unserer Kindheitserfahrungen angeeignet haben. So können wir unsere Persönlichkeit besser verstehen und weiter entwickeln, alte Muster erkennen und auflösen und unser Leben schließlich nach unseren eigenen Wünschen gestalten.

Ich & das Kind

Wir beginnen mit der scheinbar so simplen Frage: Wer bin ich? Und wollen uns dann unsere Stärken und auch unsere Schwächen bewusst machen. Schreibe bitte alles auf, was Dir einfällt, gehe dazu auch mit Familie oder Freunden ins Gespräch, nutze das Meditieren, durchstöbere Fachbücher oder das Internet nach Artikeln, nach Persönlichkeitstests, nach passenden Podcasts oder Vorträgen u.ä. Du wirst finden, was Dir zusagt, was für Dich interessant klingt und sich stimmig anfühlt. Folge dem, was Dich anzieht, was Deine Freude und Begeisterung weckt. Wenn die Antworten kommen, begibst Du Dich erst einmal klar ausgerichtet bewusst auf den Weg der Selbsterkenntnis.

Die Fragen,
die unsere persönliche Basis bilden:

1. Wer bin ich?

2. Was kann ich gut, was sind meine Stärken, Talente und Fähigkeiten? Was habe ich an mir und auch in meinem Leben, das ich mag, auf das ich stolz bin, das gut ist, das ich schön finde oder gut kann oder gern tue, was sind meine Ressourcen?

3. Was kann ich nicht so gut, was sind meine Schwächen und Mängel? Womit hadere ich, was mag ich an mir oder auch in meinem Leben nicht, was nervt mich, woran verzweifle ich, was fällt mir schwer, was tue ich ungern, was fehlt mir?

Im nächsten Schritt beschäftigen wir uns nun mit unserer Kindheit bzw. unserem inneren Kind, da das, was wir als Kind gelernt und erfahren haben, immer noch in uns wirkt, auch wenn wir Erwachsene sind. Mit dem Begriff Bezugspersonen sind im Folgenden die Personen gemeint, mit denen wir aufgewachsen sind, meist unsere Eltern, das können natürlich auch andere, erziehungsberechtigte Personen sein oder weitere Familienmitglieder, die in unserer Kindheit eine wichtige Rolle für uns gespielt haben, es können auch Erzieher, Lehrer oder Bekannte sein, wenn diese Kindheitserfahrungen für uns prägend waren und uns diese Menschen bei der Beschäftigung mit den Fragen in den Sinn kommen. Was wir als Kind gelernt haben, begleitet uns ein Leben lang. Sich darüber bewusst zu werden, die alten Muster zu erkennen und aufzulösen und neue Glaubenssätze zu verinnerlichen, ist ein wichtiger Schritt.

Die Fragen, die unsere Kindheit betreffen:

1. Was haben wir von unseren Bezugspersonen über das Leben gelernt? Wie haben unsere Bezugspersonen die Welt gesehen? Wie war ihre Einstellung und Haltung gegenüber den Menschen, der Gesellschaft? Wie wurden Gefühle bewertet und gelebt? Wie war ihre Sicht auf Beziehungen, auf Geschlechterrollen, auf Liebe, auf Sex? Wie war die Einstellung unserer Bezugspersonen zu Spiritualität? Was dachten sie über Arbeit, über Erfolg, über Geld? Was waren typische Verhaltensweisen, Eigenschaften, Sätze und Sprüche unserer Bezugspersonen?

2. Was haben wir als Kind von unseren Bezugspersonen über uns selbst gelernt? Wie wurden wir gesehen und behandelt? Wie mussten wir uns in unserer Kindheit verhalten, um Anerkennung zu erfahren? Für was wurden wir gelobt? Für was wurden wir bestraft? Was an uns wurde von unseren Bezugspersonen als gut und was als schlecht bewertet? Was war erlaubt und was verboten? Wie haben wir als Kind Nähe und Zärtlichkeit erlebt? Wie wurde uns Autonomie und Selbstwirksamkeit ermöglicht? Wie wurde mit unseren Grenzen umgegangen? Welche Verantwortung durften wir nicht übernehmen und welche wurde uns

übertragen? Wie haben wir durch unsere Bezugspersonen Sicherheit erfahren und was haben wir als bedrohlich an ihnen erlebt?

Bedürfnisse & Werte

In dem Kapitel zur Integrität ging es bereits um die Thematik Bedürfnisse und Werte. Lies die ersten Abschnitte dieses Kapitels gern noch einmal nach, um zu verstehen, wie wichtig es ist, seine Bedürfnisse und Werte zu kennen und zu leben, um eine integere Lebensweise zu etablieren, die langfristig von Zufriedenheit geprägt ist. Werte können eine wichtige Orientierung für uns sein und dienen der Entscheidungsfindung und der klaren Ausrichtung. Erscheinen uns unsere Bedürfnisse manchmal unvereinbar, dann ist es oft so, dass wir gar nicht gegensätzliche Bedürfnisse haben, sondern uns in einem Bedürfnis-Werte-Konflikt befinden. Wann immer wir also mit Entscheidungen hadern oder uns unsere Bedürfnisse gegensätzlich erscheinen, lohnt es sich, einmal genauer hinzusehen und sich zu fragen, was ist gerade wirklich mein Bedürfnis und was ist vielleicht ein Wert, der hier tangiert, verletzt oder nicht ganz gelebt wird. Bedürfnisse sind innere Impulse, die meist aus einem Mangel heraus entstehen und uns dazu bringen, etwas zu tun oder zu verändern, um unser Bedürfnis zu erfüllen. Zum Beispiel haben wir das Bedürfnis nach Schlaf, wenn wir müde sind, das Bedürfnis nach Nähe, wenn wir uns einsam fühlen, oder das Bedürfnis nach Wasser, wenn wir Durst haben. Es gibt so etwas wie körperliche und seelische bzw. psychische Grundbedürfnisse, die wohl jeder Mensch kennt. Solche

Bedürfnisse wie Nahrung, Schlaf usw., aber auch Bedürfnisse wie Anerkennung, Selbstverwirklichung usw. Darüber hinaus können wir Bedürfnisse haben, die über den Erhalt unseres Körpers und Lebens hinaus gehen. Also Bedürfnisse, die nicht nur dazu da sind, einen Mangel zu beheben, sondern auch um individuelle Wünsche zu erfüllen. Beispielsweise nicht nur das Bedürfnis nach Sauberkeit oder uns zu waschen, sondern ganz konkret das Bedürfnis, ein Bad zu nehmen. Oder nicht nur das Bedürfnis nach Nahrung, um unseren Hunger zu stillen, sondern das Bedürfnis nach einem ganz besonderen Gericht. Oder das Bedürfnis nach ganz bestimmten beruflichen oder kreativen Tätigkeiten, die über das Sichern der Existenz durch Geldverdienen hinaus gehen. Je besser wir uns kennen und wissen, was wir uns vom Leben, von unserer Arbeit und unseren Beziehungen wünschen, welche Bedürfnisse wir in all diesen Bereichen haben, desto klarer können wir diese kommunizieren und uns dafür einsetzen, uns diese zu erfüllen.

Werte bezeichnen Qualitäten oder Standards, die uns wichtig sind. Werte können uns Führung und Halt geben, wenn wir unser Leben nach unseren eigenen Werten ausrichten und auch immer wieder überprüfen: Lebe ich gerade meine Werte? Werte können beispielsweise sein: Freiheit, Respekt, Offenheit, Ehrlichkeit, Sicherheit, Kreativität, Mitgefühl, Freundlichkeit, Spontanität, Vertrauen, Perfektion, Bescheidenheit, Treue, Spaß uvm. In der Phase der Selbsterkenntnis ist es essenziell, sich mit dem zu beschäftigen, was man will, sich und seine Bedürfnisse genau zu spüren und sich mit seinen Werten auseinanderzusetzen. Um uns klar auf unsere gesunde Entwicklung auszurichten, ist es wichtig, Werte für das eigene Leben, für die Arbeit, für Beziehungen usw. zu erkennen und zu setzen. Darüber hinaus ist es hilfreich, sich konkret zu fragen: Was bedeutet es denn, wenn ich diesen oder jenen Wert für mein Leben aufstelle und den dann auch lebe, wie sieht das aus?

Ehrlichkeit, Liebe, Freiheit – das sind alles schöne Werte und auch sehr abstrakte Begriffe. Was heißt es, wenn ich Ehrlichkeit in Bezug auf meine Beziehungen leben will? Bedeutet das, nicht zu lügen? Wie ist es, wenn ich mal etwas nicht erzähle? Wie ist es mit Dingen, die unangenehm sind oder andere verletzen könnten? Muss ich die auch offen sagen, wenn ich radikal ehrlich sein will? Empfehlenswert finde ich beispielsweise den persönlichen Wertetest des Barret Values Center. Meist fallen einem spontan schon Werte ein, die einem wichtig sind. Wenn man einige Kernwerte für sich erkannt hat, dann kann es hilfreich sein, diese einmal genau unter die Lupe zu nehmen und zu reflektieren: Warum ist das ein wichtiger Wert für mich? Woher habe ich ihn? Wer hat ihn mir vermittelt? Welche Gefühle löst dieser Wert in mir aus? Wie möchte ich diesen Wert umsetzen? Wie auch zu den Themen in den anderen Kapiteln, gibt es Fachbücher und Onlineangebote (z.B.: Barret Values Center), um sich mit dem Thema Werte zu beschäftigen, es kann hilfreich sein, erstmal in einen Prozess der Recherche zu gehen, natürlich ist auch hier das Reflektieren und vor allem das Meditieren ein wichtiges Hilfsmittel.

Die Fragen zu unseren Bedürfnissen:

1. Was brauche ich, was sind meine Bedürfnisse? Was brauche ich ganz grundsätzlich in meinem Leben, um gesund und glücklich zu sein?

2. Was sind meine Bedürfnisse in der Arbeit, was brauche ich dort, um mich gut zu fühlen und die Arbeit gut zu erfüllen?

3. Was sind meine Bedürfnisse im Hinblick auf meine Beziehungen? Was brauche ich in Beziehungen mit meiner Familie, in Freundschaften und was brauche ich in einer Partnerschaft?

Die Fragen nach den Werten:

1. Was sind meine Werte? Was ist mir wichtig, wertvoll, heilig? Was sind ganz klar die Werte, die ich in meinem Leben leben will und soll? Was sind die Standards, nach denen ich mein Leben ausrichten will?

2. Was sind die Werte, die ich in meiner Arbeit leben will?

3. Was sind die Werte, die ich in meinen Beziehungen leben will?

Ziele, Visionen & Sinn

Damit unsere Träume auch zu unserer Realität werden, ist es wichtig, sich über Ziele klar zu werden, die eigene Aufgabe in dieser Welt zu entdecken und eine persönliche Vision zu formulieren und zu manifestieren. Folgen wir unserem Ruf und nicht bloß gesellschaftlichen Idealen oder familiären Erwartungen, erfahren wir eine positive Resonanz, schließlich Erfolg. Und zwar einen Erfolg, der sich nicht am Einkommen messen lässt, sondern an der Erfahrung von Selbstwirksamkeit und Kreation. In der Welt zu wirken, dies mit Freude und überfließender Energie zu tun und damit noch für andere etwas Positives zu bewirken, das ist auf eine Art erfüllend, die unbezahlbar ist. Dafür müssen wir uns die großen Fragen stellen: Was ist der Sinn meines Lebens? Und was ist meine Berufung? Hilfreich dazu könnte es sein, nochmal einen Blick auf die anfänglichen Erkenntnisse in Bezug auf die Stärken und Schwächen zu werfen. Zudem ist es ratsam, darüber zu reflektieren, bei welchen Tätigkeiten man in einen Flow gelangt, in einen Zustand der Vertiefung, sodass man alles um sich herum vergisst, in dem Tun aufgeht, die Zeit nur so verrinnt.

Welche Beschäfigungen hat man vielleicht schon als Kind geliebt? Der Freude zu folgen, ist für den Erfolg, die Zufriedenheit entscheidend.

Die Fragen zu unserer Vision:

1. Warum bin ich hier? Wozu? Was ist meine Aufgabe? Meine Berufung? Mein Lebenssinn?

2. Was ist die Überschrift meines Lebens? Was ist meine Vision? Was wäre der Titel des Buches über mein Leben?

3. Was sind Ziele, um meine Vision zu verwirklichen? Was sind die Überschriften der nächsten Kapitel des Buches über mein Leben?

Resümee

Nun sollten wir Erkenntnisse darüber erlangt haben, wer wir sind und was unsere Aufgabe in der Welt ist. Wir sollten uns klar darüber geworden sein, was wir gut können und was wir nicht gut können. Also können wir auch sehen, worin wir Unterstützung annehmen dürfen, welche Aufgaben wir abgeben sollten oder wo wir dazu lernen wollen. Wir sollten jetzt wissen, welche Werte wir leben wollen. Demnach können wir unser Verhalten überprüfen und uns in Integrität üben. Wir sollten nun Klarheit darüber haben, welche Bedürfnisse wir haben, können dem immer wieder nachspüren und lernen zu kommunizieren, was wir wollen.

Wir wissen jetzt, welche Ziele oder Schritte wichtig sein könnten, um unsere Vision zu leben und unsere Aufgabe zu verwirklichen. Wir sollten nun erkannt haben, was wir als Kind über uns und die Welt gelernt haben, was wir über Erfolg oder über Liebe denken. Wir können uns mit diesem Wissen ertappen, regulieren und entwickeln. Wir können alte Glaubenssätze, die wir als Kind verinnerlicht haben und heute als negativ empfinden, so umformulieren, dass sie für uns stimmig sind und in uns eine positive Resonanz aufkommt. Zum Beispiel der Glaubenssatz: Du schaffst nie etwas. Diesen könnten wir in eine für uns stimmige Version verwandeln, die möglicherweise so klingt: Du schaffst genug.

Wir können die Erkenntnisse über uns selbst nun bewusst wahrnehmen, mit ihnen arbeiten, sie nutzen und wir können mit diesem Bewusstsein über uns selbst uns selbst so annehmen, wie wir sind. Erstmal darin ankommen, was wir erkannt haben und das so sein lassen. Dann können wir das stärken und weiter entfalten, was wir schön finden, was uns Freude bringt, was der Welt dient, was uns gut tut und wir können uns in den Punkten verändern, die uns stören, blockieren, uns hindern oder uns und anderen schaden.

In den folgenden Phasen der Selbstliebe und der Selbtverwirklichung werden unter anderem einige Ideen geteilt, um mit dem Erkannten wirkungsvoll zu arbeiten. Zum Beispiel können dafür Dankbarkeits- und Achtsamkeitsübungen in den Alltag integriert werden oder wir entdecken neue, kreative Facetten an uns und entwickeln so ganz neue Möglichkeiten, uns selbst auszudrücken und zu verwirklichen. Letztlich sind dem keine Grenzen gesetzt und wir können selbst rausfinden, was für uns ein stimmiger Umgang mit den Erkenntnissen ist. Wir können selbst entscheiden, was wir vertiefen oder auch was wir verändern wollen, was wir annehmen und was wir loslassen wollen. Es geht nicht darum, das perfekt zu tun und sofort oder immer 100% zu entwickeln. Es geht darum, diesen Prozess mit Freude und Gelassenheit zu durchleben, den Weg Schritt für Schritt zu gehen.

Selbstliebe

Entscheidend für die Entwicklung der eigenen Persönlichkeit ist die innere Haltung. Wie wir uns und das Leben sehen, woran wir glauben und wofür wir uns engagieren, beeinflusst unser Verhältnis zu uns selbst. Und umgekehrt natürlich. Glaube ich daran, dass ich etwas bewirken kann? Will ich die Verantwortung für mein Leben übernehmen? Setze ich mich für Dinge ein, die mir wichtig sind? Um die Ziele und Visionen, die wir im Prozess der Selbsterkenntnis entdecken, auch zu verwirklichen, müssen wir annehmen, was wir uns wünschen, die Wahl treffen, Verantwortung zu übernehmen und unser Leben nach unseren Bedürfnissen und Werten gestalten. Das können wir erst nachhaltig erfolgreich tun, wenn wir in unserem Dasein einen Sinn sehen und empfinden, dann erleben wir uns selbst und das Leben als wertvoll. Erst, wenn wir uns annehmen, wie wir sind, wenn wir uns und unsere Wünsche ernst nehmen und als wertvoll betrachten, wenn wir uns eine Relevanz einräumen, unserem Leben eine Wichtigkeit zugestehen, sind wir auch in der Lage, unser Verhalten entsprechend zu modifizieren, in der Welt nach unseren Vorstellungen zu wirken, uns selbst zu verwirklichen. Unsere Haltung zu uns selbst ist demnach von großer Bedeutung für die Erfüllung unserer Ziele. Bin ich mir wichtig? Mag ich mich? Finde ich mich okay? Kann ich mich lieben? Bin ich es wert, Glück und Erfolg zu erfahren? Und erlebe ich mich als tatkräftig, als wirksam? Oder erlebe ich mich als Opfer? Und kann ich aus der Ohnmachtshaltung heraustreten und mich für meine Anliegen einsetzen? Zudem ist die Haltung dem Leben gegenüber grundlegend für unsere Entwicklung. Ist das Leben schön? Ist die Welt gut? Kann ich vertrauen? Das Urvertrauen und das Selbstvertrauen einer Person sind unmittelbar miteinander verknüpft. Selbstliebe zu entwickeln, ist ein fortwährender Prozess, indem wir unser Selbstbild und unsere Haltung dem Leben gegenüber immer wieder überprüfen und unsere Erkenntnisse vertiefen können. Es gibt einige hilfreiche Übungen, die uns dabei unterstützen können, Selbstliebe zu praktizieren.

Im Folgenden stelle ich einige Aufgaben vor, die in Ruhe bearbeitet und immer wieder trainiert werden sollten. Geduld ist hierfür eine wichtige Tugend. Der Wandel und die Wirkung brauchen Zeit. Und es braucht regelmäßige Wiederholung, bis neue Verhaltensweisen wirksam integriert werden und wir Abläufe so in unseren Alltag eingebaut haben, dass wir gar nicht mehr viel über deren Organisation nachdenken müssen, sondern uns der Wirkung hingeben können. Es empfiehlt sich also, anfänglich sehr strukturiert und regelmäßig die Beschäftigung mit den Übungen aufzunehmen, bis sie schon bald ganz selbstverständlich zu unserem Leben dazugehören und wir unsere Selbstliebe dadurch ganz intuitiv oder natürlich immer weiter entwickeln und stärken, weil wir sie alltäglich praktizieren.

Achtsamkeit, Dankbarkeit & Lust

Achtsamkeitsübungen sind eine sehr nachhaltige Methode, um zu lernen, uns selbst, aber auch unserer Umgebung bewusst und wertschätzend zu begegnen, auf uns und andere zu achten, uns dem Leben und uns selbst auf eine sanfte Weise in der Tiefe zuzuwenden. Das bewusste Wahrnehmen ist eine wertvolle Hilfe, um die eigenen Emotionen zu regulieren und innere Ruhe und Klarheit zu generieren. Was genau bewusst wahrgenommen wird, ist dabei nicht von besonderer Relevanz. In jedem Moment und an jedem Ort ist es möglich, sich seiner Wahrnehmung achtsam hinzugeben. Das bedeutet, sich mit allen Sinnen dem eigenen Körper oder der Umgebung zuzuwenden. Das kann man am Schreibtisch im Büro genauso tun wie in der U-Bahn, beim Familientreffen oder ganz allein, in der Natur oder auf dem Marktplatz in der Stadt – es geht darum, durch das bewusste Wahrnehmen wieder bei sich anzukommen und in einen Zustand von Frieden zu gelangen. Achtsamkeit kann also jederzeit und überall praktiziert werden.

Zur Übung ist es anfangs gut, dies in friedlichen Momenten zu tun. Ist Achtsamkeit dann einmal ein etabliertes Tool in unserem Verhaltensrepertoire, können wir sie aktiv in Momenten der Unruhe und Unzufriedenheit einsetzen. Immer, wenn man spürt, dass man gestresst ist, dass man sich unruhig fühlt, nervös, überfordert oder unklar, ist es empfehlenswert, tief ein- und auszuatmen und sich in Achtsamkeit zu üben. Dabei sind folgende Fragen hilfreich: Was sehe ich? Was höre ich? Was rieche ich? Was schmecke ich? Was spüre ich? Was fühle ich? Um sich der Beantwortung der Fragen achtsam zuzuwenden, ist es wichtig, auf Details zu achten und sich die Feinheiten bewusst zu machen. Betrachte ich beispielsweise einen Baum, dann ist die Antwort auf die Frage, was ich sehe, nicht ganz gegeben, wenn ich sage, dass ich einen Baum sehe, vielmehr könnte es heißen, ich sehe: Grün, Hellgrün, Dunkelgrün, Gelbtöne, Brauntöne, ich sehe linienartige Strukturen auf der Rinde und filigrane Muster in den Blättern, ich sehe feine, lichtdurchlässige Materie und festes, dunkles Holz usw.

Je genauer und beschreibender die Achtsamkeit praktiziert wird, desto intensiver geschieht das Einlassen auf den Moment. Wir sind. Jetzt. Dabei ist der Bewusstwerdung über das, was ist, keine Grenze gesetzt. Essen wir beispielsweise einen Apfel und fokussieren uns auf unsere sinnliche Wahrnehmung, was schmecken wir, was riechen wir usw., sind wir verbunden mit unserem Körper, dem, was wir spüren, und die Achtsamkeit lässt sich immer weiter ausdehnen oder tiefer trainieren, wir können sie über unsere körperliche Wahrnehmung hinaus ausdehnen. Wo kommt dieser Apfel her? Wer war alles daran beteiligt, dass dieser

Apfel jetzt auf meinem Tisch liegt und ich ihn essen kann? Was musste alles dafür passieren, welche Menschen haben dafür gearbeitet, was in der Natur hat mitgewirkt usw.? Ist es nicht im Grunde ein Wunder, dass ich jetzt diesen Apfel essen kann? So viele Menschen waren daran beteiligt und so viele Prozesse haben stattgefunden, dass es mir möglich ist, jetzt diesen Apfel zu essen. Über das Spüren der körperlichen Erfahrungen und über die achtsame Bewusstwerdung der Verbundenheit der Dinge, letztlich der Wunder des Lebens und der eigenen Lebendigkeit, können wir Dankbarkeit entwickeln. Wir erkennen das Leben in der Tiefe und damit uns selbst, die Verbundenheit mit allem wird immer deutlicher spürbar und Frieden kann sich in uns einstellen.

Sinnlichkeit und Achtsamkeit sind natürlich miteinander verbunden. Da wir Achtsamkeit üben, indem wir über unsere Sinne bewusst wahrnehmen, vertiefen wir die sinnliche Wahrnehmung in unserem Alltag. Auch wenn wir essen, trinken, spazieren, Musik hören, Kunst ansehen, baden, uns bewegen, uns berühren, trainieren wir unsere Sinnlichkeit und können darüber etwas sehr Wertvolles und Stärkendes erfahren: Genuss. Das Leben mit allem, was es uns anbietet, zu genießen, ist eine wichtige Erfahrung, um Freude zu entwickeln. Freude bei scheinbar gewöhnlichen Dingen zu erleben, wie dem Essen, der Körperpflege oder dem Weg zur Arbeit, ermöglicht uns, eine grundsätzliche Dankbarkeit zu entwickeln und dadurch inneren Frieden zu spüren. Die Feinheiten des Daseins zu entdecken, die Schönheit im Alltag zu erkennen und diese Wahrnehmungen zu genießen, lässt uns ausgeglichen und glücklich sein. Wir machen Dinge nicht mehr nur nebenbei, selbst Kleinigkeiten spielen sich dann bewusst ab und die Tasse Tee, der Blick aus dem Fenster oder die Umarmung werden auf einmal wirkungsvoll im Hinblick auf Heilung, weil wir es bewusst tun, dankbar sind, Genuss erfahren und Freude erleben.

Genuss, Spaß und Lust zu spüren und auszuleben, auch mit anderen zu teilen, ist sehr heilsam. Dabei geht es nicht um maßlosen Hedonismus[1], sondern um das bewusste Wahrnehmen, Wertschätzen und Würdigen unserer Existenz und alles Erschaffenen. Wir entwickeln unsere Lust am Leben, wir erlauben uns Spaß als etwas zu betrachten, dem wir einen Wert zugestehen. Ich darf Spaß haben, ich darf das Leben genießen, es darf mir wichtig sein, Freude zu empfinden. Dass ich Lust spüre, darf für mich wichtig sein und ich bin dankbar dafür, dass ich diese Empfindungen habe, dass ich das erleben, fühlen und teilen darf, dass es mir möglich ist, die Schönheit des Universums wahrzunehmen, mich als Teil dessen zu spüren und zu erfahren, dass das Leben ein Wunder ist und sich auch so anfühlt. Das zu erkennen macht es wertvoll und ich bin Teil davon, ich bin wertvoll.

---

1 Hedonismus: In der Antike begründete philosophische Lehre, Anschauuung, nach der das höchste ethische Prinzip das Streben nach Sinneslust und -genuss ist, das persönliche Glück in der beständigen Erfüllung individueller physischer und psychischer Lust gesehen wird.

Die Fragen zu Achtsamkeit, Dankbarkeit & Lust:

1. Praktiziere ich regelmäßig Achtsamkeit? Wie? Wo? Wann? Beispiele: Über meine Sinne bewusst wahrnehmen – Bäume betrachten. Was sehe ich? Was höre ich? Was rieche ich? Was schmecke ich? Was spüre ich? Was fühle ich? Oder auch die Achtsamkeit über meine sinnliche Wahrnehmung hinaus ausdehnen – die „Apfel-Meditation". Wo kommt dieser Apfel her? Wer war alles daran beteiligt, dass dieser Apfel jetzt auf meinem Tisch liegt und ich ihn essen kann? Was musste alles dafür passieren, welche Menschen haben dafür gearbeitet, was in der Natur hat mitgewirkt etc.?

2. Praktiziere ich regelmäßig Dankbarkeit? Wie? Wo? Wann? Beispiele: Tagebuch schreiben, Meditationen, Achtsamkeitstraining oder das bewusste Wahrnehmen meiner Lust, Freude etc.

3. Was bereitet mir Lust? Wie, wo und wann und mit wem erfahre und teile ich Lust, Spaß, Genuss, Freude, Ekstase? Welche Kleinigkeiten im Alltag kann ich lustvoll(er) leben? Welche Tätigkeiten oder Erfahrungen möchte ich mir ermöglichen und gibt es davon etwas, dass ich öfter oder sogar regelmäßig fest terminieren kann?

Bewegung, Natur, Schlaf & Ernährung

Ein weiteres Hilfsmittel, neben der Sinnlichkeit und Lust, der Dankbarkeit und Achtsamkeit ist: Bewegung. Auch unseren Bewegungen können wir uns bewusst zuwenden. Manchmal sind wir in einem Zustand derartiger Unruhe, dass wir uns der sinnlichen Wahrnehmung nur schwer achtsam hingeben können. In solchen Momenten tut es gut, sich zu bewegen. Wenn die Gedanken scheinbar machen, was sie wollen, und sich nicht so bewegen lassen, wie wir es möchten, wenn wir in einer Negativspirale aus Zweifeln und Sorgen gefangen scheinen, dann ist es hilfreich: Bewegen wir unseren Körper. Das klingt so simpel, wie es ist. Manchmal kommen wir nicht aus einer abwertenden oder kritischen Gedankenspirale heraus, immer wieder nerven uns unmotivierende oder deprimierende Gedanken und unser Kopf macht, was er will. Dann kann der Körper immer noch machen, was wir wollen. Und die klare Empfehlung lautet: Bewegung.

Ob Spaziergang oder Work-Out oder bloß das Aufstehen, Strecken, Dehnen, Abklopfen des Körpers, das bewusste Ausüben auch langsamer Bewegungen kann eine stimmungsaufhellende Wirkung entfalten, jeder physische Schritt ist auch ein psychischer Schritt. In dem Moment, in dem wir uns bewegen, bewegt sich etwas in uns und unser ganzes System verändert sich, es können sich wieder neue Gedanken und Gefühle einstellen. Wenn wir unseren Kopf nicht klar kriegen, auch nicht durch Stille bzw. meditative Zuwendung, dann das annehmen und sich nicht zu motivierenden Gedanken zwingen, sondern stattdessen: tief durchatmen und eine Runde Sport machen. Das kann auch recht kurz sein, einmal den Lieblingssong abspielen und dazu tanzen, ein paar Kniebeugen oder fünf Liegestütze, einmal den ganzen Körper durchschütteln und richtig ausstrecken, das kann schon Wunder bewirken.

Loslassen statt Festhalten. Entspannen statt Verkrampfen. Bewegen statt Zerdenken. Danach stellt sich meist Erleichterung, Freude und auch wieder Klarheit ein. Irgendwann empfinden wir dann eine so tiefe Freude dabei, uns zu bewegen, dass sich Körper und Geist nach dieser Lusterfüllung sehnen. Das darf sanft passieren. Es kann eine kleine Runde zu Fuß um den Block sein, die sich als wohltuend etabliert und diese paar Schritte, ein einfacher Spaziergang ist oft schon eine Meisterleistung, wenn es uns nicht gut geht und wir uns depremiert fühlen. Vielleicht probieren wir auch neue Sportarten aus oder ein regelmäßiger Schwimmbadbesuch lässt sich in unseren Alltag integrieren, wichtig ist, dass wir etwas tun. Solange wir uns bewegen, sind wir wirklich lebendig. Aktiv. Wirksam. Und zu spüren, wie wir uns durch Bewegung regulieren können und wie es uns gut tut, ist sehr heilsam, das ist aktive Selbstliebe.

Natur ist ebenso wesentlich für unser psychisches Wohlbefinden. Der Spaziergang durch den Wald hat einen anderen Effekt als der Spaziergang durch die große Stadt. Während ersteres zu Entspannung und Abnahme von Ängsten führen kann, kann das zweite durchaus Stress für uns bedeuten. Es gibt wohl das Phänomen, dass Krankenhauspatienten in einem Zimmer mit Ausblick auf Bäume schneller genesen und besser drauf sind als diejenigen mit einer Betonwand vor dem Fenster. Zu solchen Phänomenen gibt es auch Untersuchungen. Meiner Ansicht nach ist es absolut plausibel. Der Blick in die Weite über Felder und Bäume, über Wasser, die frische Luft und die Ruhe wirken so viel erholsamer als Lärm, Abgase, Menschenmengen, gefährlicher Straßenverkehr, grelle Lichter, hektisches Treiben usw.

Ich selbst habe auf meinem Heilungsweg erfahren, dass das regelmäßige Naturerlebnis mir unglaublich viel Kraft und Gelassenheit schenkt. Es wurde so bedeutsam für mich, dass ich irgendwann entschied, die große Stadt nicht nur am Wochenende oder den Ferien zu verlassen, um mich zu erholen, sondern einen Umzug in die Kleinstadt wagte, um täglich den Frieden auf dem Land zu genießen. Der Schriftsteller John Muir schrieb einmal folgendes über die heilsame Wirkung der Natur: „Der Friede in der Natur wird in dich fließen wie der Sonnenschein, der die Bäume nährt. Der Wind wird dich erfrischen, der Sturm dich mit Kraft erfüllen und alle deine Sorgen werden abfallen von dir wie Herbstblätter.“ Sicherlich ist es auch möglich, in Städten für Naturerlebnisse zu sorgen, ob es Spaziergänge an Gewässern oder Nachmittage in Parks sind. Dies sollte auf jeden Fall eine bewusste regelmäßige Tätigkeit sein sowie Ausflüge in die Natur, fernab von Autos und Beton. Den Blick und die Seele weit werden lassen, tief einatmen und sich auf eine Wiese legen, einen Baum betrachten, das Wasser spüren, das alles ist pure Medizin. Setzen wir uns dafür ein, uns selbst diese Erfahrungen zu ermöglichen und ihnen eine Priorität einzuräumen, ist das Selbstliebe.

Ein Schlüssel zu einem erholten, starken Körper und einem klaren, wachen Geist ist gesunder Schlaf. Natürlich nicht ausschließlich, doch ist die Wirkung von genügend und auch gutem Schlaf unermesslich. Wir brauchen die Regeneration. Die Ruhe. Das Träumen. Das anzuerkennen und wertzuschätzen, dem eine Wichtigkeit einzuräumen, dass Schlaf uns heilt, körperlich und seelisch, dass wir diese Erholung brauchen, um unser Potenzial voll zu entfalten, ist Selbstliebe. Wie oft achten wir nicht auf genügend und auch guten Schlaf, sind viel zu lange wach und zelebrieren das Schlafen gar nicht, sondern betrachten es eher als notwendiges Übel, das eben sein muss. Entwickeln wir eine liebevolle Abend- oder Schlafroutine, kann das Welten in und um uns erschaffen. Wir haben mehr Energie, um im Außen zu wirken und auch um innerlich weiter und freier zu fühlen, zu denken.

Für einen guten Schlaf zu sorgen, kann mit der Gestaltung des Schlafraumes anfangen: Wie liebevoll gestalte ich meinen Schlafplatz, dieser sollte ein heiliger Ort sein, wie ein Tempel betrachtet werden, an den wir uns begeben, um zu heilen. Was brauche ich für einen guten Schlaf? Wie viele Stunden sind wichtig für mich, welche Bettwäsche fühlt sich für mich gut an, ist die Luft kalt oder warm genug, wie ist es mit dem Licht bzw. der Dunkelheit, den elektrischen Geräten, den Tätigkeiten unmittelbar vor meinem Schlaf? Eine Meditation oder Dankbarkeitsübung, das Manifestieren, das Imaginieren, das Tagebuchschreiben oder sanfte Musik hören, das Baden oder Lesen (keine Krimis, Thriller oder etwas sehr Spannendes) können zu einem guten Schlaf verhelfen. Und guter Schlaf verhilft uns zu mehr Power, mehr Kreativität, mehr Stärke und Ausgeglichenheit.

Um aktiv in unserem Heilungsprozess zu wirken, sollten wir nicht nur für ausreichend Bewegung, Zeit in der Natur und Schlaf sorgen, sondern auch eine bewusste und gesunde Ernährung im Blick haben. Was für uns die richtige Ernährung ist, müssen wir selbst herausfinden, denke ich. Natürlich gibt es grundsätzlich Dinge, die sehr schädlich sind, vor allem zu viel Zucker, übermäßig tierisches Fett, Alkohol und Koffein beispielsweise. Können wir den Konsum dieser Lebensmittel auf ein Minimum regulieren, ist schon viel gewonnen. Darüber hinaus können wir für uns herausfinden, mit welcher Ernährung wir uns wohl fühlen, welche Lebensmittel uns langfristig gut tun, was uns Energie schenkt und uns kraftvoll fühlen lässt. Manch einer braucht mehr Kohlenhydrate, ein anderer mehr Eiweiß, einer kann den ganzen Tag lang Rohkost essen, ein anderer verträgt besser gedämpftes Gemüse. Wirklich wichtig ist hierbei, mit sich, seinem Körper in Kontakt zu kommen. Wirklich zu spüren, was mag ich und was tut mir auch nachhaltig gut, was genieße ich und zwar langfristig, ohne spätere Bauchschmerzen, Erschöpfung oder Entzugserscheinungen?

Beim Herausfinden, was und wieviel von was für einen richtig ist, kann eine Fastenkur helfen. Der Körper bekommt die Chance, sich zu entlasten, zu regenerieren und ganz neu und frisch zu wählen, danach zu verlangen, was gesund für ihn ist. Welche Form des Fastens für einen richtig ist, das sollte man bei Vorerkrankungen ärztlich abklären und bei voller Gesundheit intuitiv entscheiden und die Kuren so anpassen, dass sie für einen selbst passen. Mal zum Thema Heilfasten zu recherchieren, kann inspirierend sein. Ernährung sollte Spass machen, nicht zwanghaft sein, genussvoll und wohltuend.

Chips, Schokolade, Pommes und Pizza kann ich vielleicht in einem kurzen Moment genießen, aber langfristig tut mir das nicht gut und das kann ich deutlich spüren, gehe ich achtsam mit meinem Körper und dem, was ich konsumiere, um. Was nicht bedeutet, dass Süßigkeiten und Fast Food keinen Platz haben dürfen, aber sie sollten einen bewussten Platz bekommen und den bestimmen wir und nicht andersrum. Das Craving nach Zucker und der Heißhunger auf Salziges lässt sich regulieren. Finden wir heraus, was uns durch Ernährung wirklich gut tut und welche unerfüllten Bedürfnisse möglicherweise unter unserem Appetit liegen, beispielsweise die Wünsche nach Anerkennung oder Nähe. Oft sind es nämlich nicht die reizvollen Nahrungsmittel, die uns satt machen können, wenn es darum geht, seelischen Hunger zu stillen. Hierzu gibt es besonders gute Bücher und Angebote von Maria Sanchez.

Natürlich ist der Hinweis, dass Bewegung, Schlaf und Ernährung für unser Wohlbefinden grundlegend sind, nicht neu und ich muss wohl keinem etwas darüber erzählen, wie wichtig eine gesunde Lebensweise für ein gutes Körpergefühl und auch für psychische Balance ist. Ich habe die Erfahrung gemacht, wendet man sich seiner Selbsterkenntnis zu und entwickelt eine selbstliebende Lebensweise, dann überträgt sich das ganz natürlich auch auf diese Bereiche. Andersherum kann eine gesunde Entwicklung dieser Bereiche, sich auch positiv auf uns auswirken und zu mehr Erkenntnissen und innerem Frieden führen. Allerdings muss das nicht sein. Die beste Ernährung kann ihre Wirkung nicht in der Tiefe entfalten, passiert sie nicht durch Freude, durch Liebe. Im Außen zu regulieren und seinen Schlaf, seine Ernährung und seine Bewegung zu optimieren, kann ebenso zwanghaft oder kontrollierend sein. Wir engen uns damit ein, setzen uns unter Druck, kämpfen weiter, leiden letztlich. Heilung aber geschieht sanft, liebevoll, fließend. Auch der Spitzensportler oder das Topmodel können unglücklich oder depressiv sein und gute Ernährung und ausreichend Bewegung helfen dann nicht genügend bei Unzufriedenheit, weil etwas Inneres nicht erkannt ist. Es sind wichtige und wirkungsvolle Bereiche, doch sind sie nicht wesentlich. Wir können lernen, Freude dabei zu empfinden, uns etwas Gutes zu tun und unseren Körper gut zu behandeln, wertschätzend, wenn wir ihn als wertvoll betrachten und die Erfahrungen, die er uns ermöglicht, würdigen. Allerdings müssen wir dies dafür erst erkennen und spüren. Dass wir und das Leben wertvoll sind. Mit dieser Erkenntnis gehen wir liebevoll mit uns um. Und zu uns gehört dann eben auch die Möglichkeit, mit unserem Körper gut umzugehen und ihn zu pflegen und zu nähren, selbstliebend von innen heraus und im Außen.

Die Fragen zu Bewegung, Natur, Schlaf & Ernährung:

1. Bewege ich mich regelmäßig? Wo? Wie? Wann? Kann ich Bewegung (zu Fuß gehen, Radfahren etc.) verstärkt in meinen Alltag einbauen? Gibt es Sportarten (Yoga, Tanzen, Boxen, Schwimmen, Home-WorkOut, Teamsportarten etc.), die ich ausprobieren oder wieder aufnehmen möchte?

2. Bin ich regelmäßig in Kontakt mit der Natur? Wie? Wo? Wann? Kann ich einen Garten anlegen (vielleicht auch nur auf dem Balkon oder der Fensterbank)? Gibt es in meiner Stadt schöne, erholsame Orte, Gärten, Parks, Gewässer? Kann ich öfter Ausflüge in die Natur im Umland machen: Waldspaziergänge, Wanderwege besuchen, Ausflüge an Seen oder das Meer?

3. Habe ich eine Abend- oder Schlafroutine? Wie ist mein Schlafplatz gestaltet? Achte ich auf die Schlafbedingungen, die ich brauche, die mir gut tun? Was tue ich vor dem Schlafen? Achte ich darauf, ausreichend zu schlafen?

4. Ernähre ich mich bewusst? Sodass es mir langfristig gut tut? Weiß ich, was ich dafür brauche (welche Lebensmittel & Getränke, welche Nährstoffe)? Sind mir

eventuelle Mängel bewusst und kann ich diese ausgleichen (Eisen, Vitamin D u.a., evtl. Blutbild machen lassen)? Möchte ich eine Ernährungsberatung in Anspruch nehmen oder mal eine Fastenkur ausprobieren? Was möchte ich vielleicht umstellen, worauf will ich achten oder verzichten? Kann ich meinen Hunger spüren? Weiß ich, welche Bedürfnisse unter meinem Appetit auf reizvolle Lebensmittel liegen? Brauche ich Rituale, feste Mahlzeiten, keine Ablenkung o.a.? Kann ich mein Essen genießen? Möchte ich Freude am Essen oder auch gemeinsamen Kochen mit anderen teilen? Erlaube ich mir, worauf ich Lust habe und kann ich mir in Maßen etwas gönnen, ohne mir dadurch dauerhaft zu schaden? Kann ich spüren, wie ich mir durch eine für mich gesunde Ernährung gut tue?

Entspannung, Atmung & Meditation

Einer der mächtigsten Wege, seinen Körper und damit auch seinen Geist zu regulieren, ist: das bewusste Atmen. So nebensächlich und simpel uns dies erscheint, weil wir es die ganze Zeit über tun, ohne darüber nachzudenken, quasi automatisch, so wirkungsvoll kann es sein, den Fokus auf die eigene Atmung zu richten. Durch tiefes Ein- und Ausatmen können wir unser Nervensystem regulieren. Das bedeutet, in Stressmomenten, wenn die Atmung flach und schnell ist, können wir lernen, bewusst tief und langsam zu atmen und uns so wieder zu entspannen. Allerdings ist das tiefe und bewusste Atmen nicht nur in Stressmomenten empfehlenswert. Wir können uns mehrmals am Tag daran erinnern, unsere Atmung bewusst wahrzunehmen und so nachhaltig gelassener werden. In sicheren, ruhigen Momenten Atemübungen zu machen, sorgt präventiv für mehr innere Ruhe, emotionale Stabilität und Stress-Resilienz. Je tiefer die Entspannung im Alltag, desto größer ist auch die Entspannung in herausfordernden Situationen. Angebote für angeleitete Atemübungen gibt es unzählige in Video- oder Podcastformaten. Ausprobieren, was einem gut tut, dann regelmäßig üben und in den Alltag integrieren, ist hier ratsam.

Entspannung ist überhaupt ein so mächtiger Schlüssel zu innerem Frieden. Wie entspannen wir uns? Wie entspannen wir uns wirklich? Wie entspannen wir uns nachhaltig, tief und gesund? Auch eine Zigarette oder ein paar Biere können entspannend sein, das maßlose Ansehen von Serien, das Zocken eines Computerspiels o.ä. Ich denke, es ist wertvoll, hier zu differenzieren zwischen kurzfristiger und nachhaltiger oder tiefer Entspannung. Das Erste kommt eher einer Ablenkung gleich, einer Stresskompensation, führt aber nicht in der Tiefe zu Ruhe und Gelassenheit. Für diese tiefe Entspannung, unabhängig von ungesunden Verhaltensweisen und Suchtmitteln, ist meiner Erfahrung nach Übung erforderlich. Eine Aufgabe kann sein: Entspannung zu einer neuen Gewohnheit zu machen.

Um eine neue Gewohnheit zu etablieren, brauchen wir Regelmäßigkeit. Das kann ganz klein anfangen, mit fünf Minuten täglich. Morgens, wenn der Wecker klingelt, nicht sofort aufspringen und auch nicht auf Snooze drücken und sich nochmal umdrehen, sondern sich für einige Minuten bewusst seiner Atmung zuwenden, in den Körper spüren, wie dieser sich hebt und senkt, wie wir uns mit Energie füllen, während wir einatmen, und wie wir die ganze Anspannung loslassen, während wir Ausatmen. Wir können diese Praxis immer weiter ergänzen und steigern. Uns mehrmals am Tag „Atempausen“ gönnen und abends vor dem Schlafen meditieren.

Welche Art der Meditation uns gut tut, dürfen wir für uns entdecken, es gibt vielfältige Angebote. Mir haben sehr das ruhige Sitzen oder Liegen und der Stille lauschen sowie angeleitete Meditationen von Veit Lindau und Joe Dispenza geholfen. In der Phase der Selbsterkenntnis habe ich Meditation bewusst gewählt, um Antworten auf bestimmte Fragen zu erhalten und irgendwann habe ich gemerkt, dass mich das Meditieren tief entspannt und mir so gut tut, dass ich, um mich bewusst liebevoll zu behandeln, öfters meditiert habe, einfach so, ohne ein konkretes Anliegen oder eine gezielte Frage, nur der Freude wegen, für den Genuss, das Wohlbefinden. Ich erinnere noch einen Abend, an dem ich entschloss, Meditation als eine neue Gewohnheit in meinem Leben zu etablieren. Ich begann ab sofort damit, jeden Abend für ca. 30 Minuten eine angeleitete Meditation zu hören. Und auch den Morgen mit einer Meditation zu beginnen, machmal nur wenige Minuten lang, am Wochenende gern auch eine halbe Stunde bis Stunde oder länger. Diese Entscheidung war nochmal ein Boost für meinen Heilungsprozess. Es gab zwischendurch immer auch mal Tage, an denen ich es nicht geschafft habe oder es nur beim Anschalten einer Meditation am Abend blieb, ich aber sofort einschlief. Das kommt auch heute so mal vor. An anderen Tagen nehme ich mir dafür bewusst viel Zeit zum Meditieren und nutze diese Zeit mal, um Kraft zu tanken, mal um Klarheit und Antworten zu finden und immer, um mich zu entspannen. Es lässt sich gar nicht mehr wegdenken, diese Routine, diese neue Gewohnheit und immer und immer wieder beschenkt mich diese Praxis mit wertvollen Erkenntnissen und dem Gefühl von Zufriedenheit.

Und das nicht nur während der Meditation, die Wirkung überträgt sich auf meinen Alltag, mein gesamtes Leben. Ich bin deutlich gelassener, stärker, wacher, präsenter, kreativer, sicherer und freudvoller geworden. Nachdem mir bewusst geworden ist, wie hilfreich es ist sich zu entspannen und wie mächtig das regelmäßige Meditieren dabei ist, sind mir einige Situationen aufgefallen, in denen Entspannung lebensrettend für mich war. Beim Überwinden schwerer Krankheiten, beim Umgang mit den gesundheitlichen Einschränkungen nach einem Autounfall oder beim Verarbeiten von Verlusterfahrungen. Es wurde immer besser, schaffte ich es, mich zu entspannen.

Ein besonders wundervolles Beispiel ist die Geburt meines Sohnes. Die Geburt eines Kindes ist mit unfassbaren Schmerzen verbunden. Dem können wir unterschiedlich begegnen. Wir können uns betäuben lassen, Schmerzmittel nehmen, wir können panisch sein und verkrampfen. Oder wir können uns hingeben, annehmen, zulassen und loslassen, uns entspannen. Wie entspannen wir uns unter solchem Druck, mit derartigen Schmerzen? Zum einen, indem wir uns nicht damit identifizieren. Mit dem Schmerz, mit dem Körper, der diese Erfahrung macht. Ich habe die Schmerzen, ich habe den Körper, der gerade diese Erfahrung macht, aber ich bin nicht der Schmerz, ich bin größer als das, weiter, frei, heil, ich kann das wahrnehmen und erleben, und weil ich das wahrnehmen kann, bin ich das nicht, es gibt etwas, dass das wahrnimmt. Zum anderen, indem wir bewusst wählen, uns zu entspannen und durch diese klare Entscheidung auch unseren Körper und unsere Gefühle regulieren. Wir können tief ein- und ausatmen, uns dazu entscheiden, den Schmerz nicht als negativ zu bewerten, sondern anzunehmen, dass er da ist, dass er gerade sogar wichtig ist, dass er dem Körper dabei hilft, ein Kind auf die Welt zu bringen. Wir können unsere verkrampfte Faust öffnen und uns dem Schmerz hingeben, all die Anspannung loslassen, ausatmen und weich und weit werden, einatmen und uns mit Energie und Kraft füllen, wir können uns regulieren, denn wir haben diesen Körper und können mit ihm umgehen, auf ihn wirken, durch ihn wirken und uns dem Moment, dem Leben öffnen.

Manchmal, in Situationen größter Anspannung, denke ich an die verkrampfte Faust, die sich öffnet oder an eine Geburtswehe, der ich mich mit meiner Atmung hingebe und mein System reguliert sich wieder. Ich fühle mich nicht mehr unter Druck, sondern frei, friedlich, entspannt.

Atmung ist ein hilfreicher Weg, um unseren Körper zu entspannen und unser Nervensystem zu regulieren und dies kann wiederum dabei helfen, gut in Meditation zu kommen. Meditation ist zudem noch so viel mehr als Entspannung. Die tiefe Entspannung in der Meditation kann einem Auflösen gleich kommen, der Körper mit all seinen Makeln, Schmerzen oder Krankheiten verliert an Relevanz und wir können die Erfahrung von Loslösung und gleichzeitig von Verbundenheit machen, dies kann wahrhaft transformierend sein und uns wesentlich verändern. Meditation nicht nur als Entspannungswerkzeug zu nutzen, sondern als spirituelle Praxis zu etablieren, ist meiner Erfahrung nach unerlässlich für Heilung. Erfahren wir, wie heilsam der meditative Zustand sein kann, kann sich auch der Transfer auf den Alltag ergeben. Und wir werden generell zu entspannteren Wesen, die mit mehr Klarheit, tiefer Gelassenheit und großer Freude in der Welt wirken.

Die Fragen zu Entspannung, Atmung & Meditation:

1. Weiß ich, wie ich mich entspannen kann (Sport, Baden, Musik hören, Lesen, Kochen, Malen, Schreiben, Gartenarbeit etc.)? Und räume ich mir feste Zeiten für Entspannung ein?

2. Achte ich immer wieder bewusst auf meine Atmung? Gönne ich mir regelmäßig bewusste Atempausen mit tiefen Atemzügen und spüre ich in meinen Körper hinein?

3. Habe ich einen ganz eigenen Zugang zur Meditation gefunden? Was brauche ich dafür? Wo, wie, wann meditiere ich? Habe ich verschiedene Arten der Meditation ausprobiert? Habe ich etwas, eine Meditation, eine Übung, die ich regelmäßig üben kann? Räume ich der Meditation feste Zeiten ein?

Resümee

Nun wissen wir, dass Achtsamkeit grundlegend dabei sein kann, Selbstliebe zu entwickeln. Uns selbst und die Welt mit unseren Sinnen bewusst wahrzunehmen und dadurch Genuss und Lust zu erfahren, dies auch in Gemeinschaft, kann sehr heilsam sein.

Ebenso können wir über die Gestaltung unserer Ernährung, unseres Schlafes und durch Bewegung und regelmäßigen Aufenthalt in der Natur Einfluss auf unser Wohlbefinden nehmen und ganz aktiv Selbstliebe praktizieren.

Essenziell ist es, eine spirituelle Praxis zu entwickeln, in Kontakt mit sich, seinem Inneren zu kommen, zum Beispiel durch Meditation. Atemübungen und das bewusste Entspannen sind dabei sehr hilfreich.

Welche Übungen wir konkret machen, ob Achtsamkeitstraining, Dankbarkeitstagebücher, angeleitete Meditationen, Sport oder vieles mehr, ist weniger wichtig, als mit welcher Haltung und welcher Absicht wir das tun. Wir können liebevoll mit uns selbst üben, um uns etwas Gutes zu tun, uns und das Leben zu feiern oder um uns zu optimieren, damit wir besser werden, schöner, erfolgreicher, um uns dann endlich zu lieben, was eher erschöpfend und mitunter leidvoll sein kann. Wirklich nachhaltig und transformierend ist der Prozess, wenn wir aus der Fülle heraus schöpfen. Uns erst zu erkennen und anzunehmen und aus der Liebe heraus zu üben und diese damit zu entfalten, zu stärken und immer weiter wachsen zu lassen, das kann wahrhaft sehr heilsam sein.

Selbstverwirklichung

Nachdem wir uns in der Phase der Selbsterkenntnis über uns, unsere Bedürfnisse und Werte, unsere Muster und unsere Aufgabe bewusst geworden sind und in der Phase der Selbstliebe gelernt haben, einen gesunden, liebevollen Umgang mit uns zu entwickeln und regelmäßige Übungen in unser Leben zu integrieren, die uns gut tun, geht es nun darum, unsere Erkenntnise in die Welt zu bringen, uns selbst zu verwirklichen. Dafür ist es hilfreich, verschiedene Wege auszuprobieren und das weiter zu verfolgen, was sich stimmig anfühlt. Auch zu dieser Phase kann es interessant sein, sich über Podcasts, Bücher oder Magazine weitere Inspiration zu holen.

Natürlich sind alle drei Phasen nie ganz abgeschlossen, wir entwickeln uns stetig weiter, lernen dazu und verändern uns. Die Phasen der Selbsterkenntnis und der Selbstliebe erscheinen allerdings nicht so wandelbar wie die Phase der Selbstverwirklichung. Haben wir uns einmal erkannt und uns in einen liebevollen Zustand mit uns selbst begeben, kann das ein stabiles Fundament bilden, auf dem wir immer mehr und manchmal auch ganz neu bauen, uns wieder und wieder neu oder noch weiter entdecken und verwirklichen, durch neue Projekte und Ideen.

Die dritte Phase ist eine sehr dynamische und lebendige Phase. Wir kommen vom Verstehen und Fühlen ins Handeln, ins Wirken. Und das darf Spaß machen. Die Haltung des neugierigen Forschers sollten wir uns unbedingt beibehalten, denn es kann sehr hilfreich sein, Neues auszuprobieren, mit neuen Menschen in Kontakt zu treten, kreativ zu werden und zwischendruch zu evaluieren, neu anzupassen und immer weiter zu lernen, zu entdecken und zu wirken. Und zwar nicht verbissen, nicht verkrampft, sondern liebevoll und sanft, geduldig und gelassen. Der Weg und die Freude am Weg sind das Ziel. Transformation passiert, wenn wir aus der Fülle heraus schöpfen und geben. Geben macht uns innerlich reich. Wir erfahren Gefühle von Dankbarkeit, Sinnhaftigkeit und Liebe. Wenn wir uns als erfüllte, wertvolle Wesen empfinden und uns dem Leben hingeben, sind wir im Fluss. Wenn wir aus einem Mangel heraus versuchen, einen Transformationsprozess zu initiieren, um etwas zu bekommen, bleibt dies häufig ein vergeblicher Versuch. Nehmen macht uns innerlich frustriert und erschöpft uns. Unsere Energie fließt dann in ein Fass ohne Boden. Wir versuchen uns zu füllen und können nie genug bekommen. Erkennen wir uns und unseren Wert, empfinden wir uns als genug, kann unser Energiefass übersprudeln vor der Bewusstheit über uns selbst und die Wunder des Lebens. So können wir unendlich aus dieser freudvollen Energie heraus schöpfen und unser Leben selbst gestalten. Dafür muss man den inneren Frieden, die innere Fülle erkannt haben und spüren, dann kann man sie teilen, den Frieden in Gemeinschaft, in die Gesellschaft bringen und gemeinsam Lebensfreude (er)leben und in der Welt heilsam wirken.

Manifestation & Visualisierung

Beginnen wir damit, Stimmung zu erzeugen. Stimmung durch Bilder, durch Worte, durch Zitate, Fotos uvm. Wir gestalten unser Visionboard. Auf diesem Board geht es darum, einen Vibe zu erzeugen, der uns reizt, der in uns anklingt. Moodbilder und berührende Worte bringen uns in das Spüren unserer Vision. Wie ist es, wenn wir sie leben, wenn alles erfüllt ist? Ich empfehle, ein derartiges Visionboard unbedingt auch analog zu gestalten. Sicherlich ist es gut, wenn man digitale Hilfsmittel nutzt und das fertige Board als Hintergrund auf dem Smartphone o.ä. präsent hat. Zudem ist es wirkungsvoll, die Dinge aufzuschreiben, auszuschneiden, anzukleben, zu heften, zu pinnen, aufzuhängen und dies an einen Ort, den wir jeden Tag bewusst in den Blick nehmen können.

Erschaffen wir uns unsere Vision, bringen sie zu Papier und an die Wand und gehen täglich in Kontakt mit ihr. Das kann bedeuten, dass wir unser Board bewusst betrachten und uns in unsere erfüllte Vision hineinträumen, das kann auch heißen, dass wir mit unserem Board kommunizieren, uns immer wieder zeigen lassen, wie es ist, wenn unsere Träume Realität sind. Das Gestalten eines Visionboards ist ein hilfreicher Weg, seine Wünsche und Träume zu manifestieren. Ich selbst tat dies anfangs ab als zu einfach, so leicht kann es doch nicht sein. Und natürlich ist das nicht alles. Es ist ein Schritt, ein Teil des Weges. Aber ein so wirkungsvoller, dass es mich immer wieder verblüfft, betrachte ich mein Board und erkenne, was sich alles erfüllt hat. Eine schöne, wirkungsvolle Methode ist auch jedes Jahr, ein neues Visionboard zu gestalten bzw. anzupassen. In Meditation die Aufgaben und Ziele für das kommende Jahr zu empfangen und diese Erkenntnisse aufzuschreiben oder aufzumalen etc. Eine besondere Zeit dafür können die Tage um den Jahreswechsel sein, um in Reflexion über das vergangene Jahr zu gehen, zu entscheiden, was man Altes loslassen will, was man in das neue Jahr mitnehmen möchte und was vielleicht an Neuem entstehen darf. Ein Visionboard ist lebendig und darf wachsen und sich entwickeln; die Manifestationsarbeit ist psychodynamisch, durch die bewusste Beschäftigung wird eine tiefe Wirkung erzeugt, die uns Stück für Stück wandelt und auf unserem Weg führt.

Es gibt viele Wege, sich in Manifestation zu üben. Das Schreiben, das konkrete Formulieren der Vision kann auch ein Schritt sein. Die Wünsche auf Zettel zu schreiben und in eine Wunschbox zu tun oder sich Botschaften an den Badezimmerspiegel zu kleben oder an den Kühlschrank zu heften, kann auch helfen, wir können dadurch starken Einfluss auf unser Unterbewusstsein ausüben. Wir können unsere Wünsche auch aufnehmen und unsere Sprachnachricht täglich anhören oder als Einschlafritual abspielen. Beim Formulieren unserer Vision, unserer Wünsche und Ziele sollten wir darauf achten, dass wir sie im Jetzt und so konkret wie möglich manifestieren. Wünsche ich mir beispielsweise Erfolg bei der Arbeit, sollten wir dies nicht in der Zukunft formulieren, sondern in der Gegenwart: Ich bin erfolgreich in meiner Arbeit. Dazu sollten wir konkret werden: Ich verdiene im Monat Summe x, ich habe x Kunden, ich arbeite in dieser oder jener Position usw. Der Kreativität sind beim Manifestieren keine Grenzen gesetzt.

Mir hat es geholfen, mir vorzustellen, wie es sich anfühlt, lebe ich das, was ich wirklich vom Leben will. Wie sieht dann mein Alltag aus, wie sehe ich aus? Welche Kleidung trage ich, wo arbeite ich, welche Menschen arbeiten mit mir, welche Gefühle erfahre ich dadurch? Wie fühlt es sich an, wenn auf meinem Konto die Summe x ist? Wenn ich genug verdiene, wenn ich meinem Sohn seine Wünsche erfüllen kann, wenn ich meine Eltern zu einem Urlaub einladen kann, was spüre ich dann? Welche Resonanz erfahre ich dadurch? Das bewusste Fragenstellen, das Reflektieren, das Visualisieren und Imaginieren und Meditieren entfalten bei regelmäßiger Ausführung eine so tiefe Wirkung, dass sich Stück für Stück erfüllt, was wir einst erkannt haben, vor allem: weil wir es als bereits erfüllt manifestieren. Aus der Zukunft heraus: im Jetzt. Mit den Gefühlen der Fülle und nicht aus einem Mangel, einer Bedürftigkeit, einer Not heraus.

Sich als erfolgreich wahrzunehmen, ist der Schlüssel zum Erfolg. Und wir sind erfolgreich, denn es gibt so viele kleine positive Erlebnisse täglich, die wir meist übersehen. Erkennen wir sie endlich, sind wir wahre Helden. Allein unsere Geburt, das wir das geschafft haben, diesen unfassbar anstrengenden Akt, der viel Kraft verlangt, und seitdem haben wir uns jeden Tag weiter entwickelt, uns auf den Weg gemacht, seitdem schlägt unser Herz tapfer, atmet unsere Lunge zuverlässig, tragen uns unsere Füße beständig – wir sind bereits eine unglaubliche Erfolgsgeschichte! Das zu sehen, sorgt dafür, dass wir immer noch erfolgreicher werden. Wahrnehmung ist alles. Je mehr Erfolge wir wahrnehmen, desto erfolgreicher sind wir.

Die Fragen zu Manifestation & Visualisierung:

1. Habe ich mir ein Visionboard gestaltet? Setze ich mich regelmäßig damit auseinander? Gehe ich in Kommunikation, mit dem was ich dort sehe? Lasse ich immer wieder die Resonanz der Bilder und Worte in mir anklingen, versetze ich mich in die Erfüllung meiner Vision?

2. Habe ich zusätzlich Wege gefunden, meine Ziele zu manifestieren? Einen Brief an mich selbst? Eine Wunschbox? Erinnerungsnachrichten im Handy? Klebezettel am Flurspiegel?

3. Achte ich beim Visualisieren und Manifestieren meiner Wünsche, meiner Ziele, meiner Vision auf die Formulierung, auf die Wortwahl und die Zeit? Was ich erkannt habe, verwirkliche ich bereits, ich bin erfolgreich und ich formuliere meine Ziele als erfüllt, um aus der Fülle heraus zu manifestieren. Stärke ich mein Erfolgsbewusstsein, indem ich mir immer wieder bewusst mache, was ich in meinem gesamten Leben bereits gemeistert habe und welche kleinen Erfolge ich tagtäglich erreiche? Feiere ich mich für meine Erfolge und erlaube mir ein Alltagsheld zu sein? Ich schaffe es und habe es seit meiner Geburt geschafft: zu sein, zu atmen, zu fühlen, zu leben. Jeden Tag.

Erschaffen, Gestalten, Kreativität & Kunst

So oft habe ich schon Menschen sagen gehört, sie seien nicht kreativ. Und ich behaupte, das kann nicht sein. Jeder Mensch hat ein kreatives Potenzial. Vermutlich wurde diesen Menschen irgendwann einmal gesagt, sie könnten nicht singen, ihre Zeichnungen im Kunstunterricht wurden vielleicht schlecht benotet oder sie haben eine Vorstellung von einem kreativen Menschen entwickelt, die sie selbst nicht erfüllen. Sie begrenzen sich durch diese Vorstellung oder auch durch Ideale von anderen, vergleichen sich und leben in einem Missverständnis.

Es gibt keinen Menschen, der nicht auf eine Art, nämlich seine ganz eigene, kreativ ist. Das zu entdecken und zu nutzen, kann sehr hilfreich sein, um sich selbst zu erkennen, Selbstliebe zu stärken und vor allem, um sich selbst zu verwirklichen. Das Selbst zu Papier, in Töne, in Bewegung oder vieles mehr zu bringen und so auszudrücken, was in einem ist, kann sehr befreiend und heilsam sein. Das kann auch durchs Kochen, Gärtnern, Nähen, Bauen, Designen uvm. passieren, es gibt unzählige Bereiche und Wege, sich auszudrücken und etwas zu gestalten, zu erschaffen. Etwas zu erschaffen, das aus einem selbst kommt, ist auf zwei Weisen erfüllend. Es erfüllt, weil es authentisch ist, weil es um uns selbst geht, weil es echt ist. Wir spüren uns, wir sind da, wir sind wirklich. Und es erfüllt, weil wir es teilen können, weil wir uns, was uns ausmacht oder was uns beschäftigt und wichtig ist, dadurch zeigen und verständlich machen können. Wir können dadurch kommunizieren auf eine Weise, wie wir es sonst vielleicht nicht können. Wir können dadurch Menschen inspirieren, erfreuen, helfen und zur Heilung beitragen.

Um sich auszudrücken, Erfahrungen und Erkenntnisse zu verarbeiten und zu teilen, ist das Eintauchen in künstlerische Prozesse ein hilfreicher Weg. Schreiben, Malen, Musizieren, Tanzen, dem sind keine Grenzen gesetzt. Folgen wir der Freude, dem, was uns vielleicht bereits als Kind gut getan hat und was wir geliebt haben und darin versunken sind oder probieren wir Neues aus und entdecken ungeahnte Fähigkeiten und Interessen. Seien wir mutig, wir können nichts falsch machen. Haben wir etwas gefunden, das uns gut tut, das in uns ein Gefühl von Zufriedenheit auslöst, uns in einen Flow bringt, dann kann das auf eine Art heilsam und transformierend sein, die so tief und nachhaltig ist, dass wir staunen werden.

Die Macht der Kunst ist unermesslich, für uns selbst und die Welt – Kunst ist Nahrung für die Seele, Kunst öffnet einen freien Raum für unsere Seele. Und kann unsere Seele sich erfüllen, wirken, sich nähren, sich entfalten und in Frieden sein, dann bewirkt das auch Frieden um uns herum, Frieden in unseren Beziehungen, mit unseren Kindern, mit unseren Kollegen und Nachbarn, Frieden in uns selbst und in der Welt.

Die Fragen zu Erschaffen, Gestalten, Kreativität & Kunst:

1. Welche Tätigkeiten versetzen mich in einen Flow-Zustand, lassen mich alles um mich herum vergessen und haben nicht das Hauptziel, irgendetwas zu verändern oder zu optimieren, sondern erfüllen einen Selbstzweck? Bei was liegt die Freude im Tun an sich? In was kann ich mich so richtig vertiefen? Gab es als Kind etwas, dem ich mich hingeben konnte, möchte ich Neues ausprobieren? Wie kann ich mich ausdrücken, ohne viel Vernunft oder Verstand, ohne übermäßig darüber nachzudenken, sondern durch kreatives Tun, durch Phantasie, durch das Leben selbst?

2. Teile ich das, was ich erschaffe, was ich gestalte mit anderen? Mit der Welt? Gibt es Möglichkeiten mit anderen gemeinsam kreativ zu sein? Kann ich Kunst (das kann jede Art von Kunst sein) mit anderen erfahren, erleben, teilen?

Hingabe, Dienen, Kontakt & Resonanz

Das letzte und vielleicht wichtigste Kapitel vor dem Schlusswort handelt von Gemeinschaft. Wir sind nicht allein und können es auch nicht sein. Wir sind verbunden. Mit allen. Mit allem. Es ist wichtig, dass wir das erkennen und auch, dass wir das Verbundensein spüren. Manchmal ist es wichtig, tief in das Gefühl einzutauchen und die Verbundenheit wahrzunehmen, um aus der kleinen Egoperspektive auszubrechen, sich als ganz und grenzenlos zu erkennen und beispielsweise Einsamkeit aufzulösen. In Meditation können wir diesen Zustand erfahren. Manchmal ist es genau so wichtig, sich verbunden zu fühlen, um sich abzugrenzen oder darüber bewusst zu werden, wo eigene gefühlte Grenzen liegen, um uns als selbstwirksam zu erfahren und zu erleben.

Um uns selbst zu verwirklichen, brauchen wir die anderen. Durch den Spiegel des anderen können wir uns selbst erkennen. Ohne Reflektion, keine Erkenntnis. Was wir tun, was wir empfinden, denken, wie wir uns verhalten usw. wirkt in der Welt, wirkt in unseren Beziehungen. Betrachten wir Selbstverwirklichung als Dienst an der Menschheit, indem wir uns durch Hingabe unserer Aufgabe widmen und unseren persönlichen Beitrag einbringen. Treten wir bewusst in Kontakt. Das bedeutet, wir wählen bewusst, mit wem wir Zeit verbringen, wer uns begleitet, wen wir an unserer Seite haben und das ist wichtig. Wir werden nämlich zu den Menschen um uns herum und umgekehrt. Die Wechselwirkung ist mächtig und wir können sie nutzen. Suchen wir uns ein Rudel, ein Netzwerk, in dem wir uns gut fühlen, das uns unterstützt, in dem wir sein und geben und lieben wollen.

Die Beziehungen, die wir führen, sind entscheidend für unseren Heilungsweg. Das bedeutet nicht, dass wir den Kontakt zu Menschen abbrechen müssen, die uns nicht durchgehend nur positive Gefühle vermitteln. Es gibt natürlich auch besondere Situationen, Krankheitsphasen, Lernchancen u.ä., durch die wir gemeinsam gehen und in denen wir miteinander wachsen können und das ist auch mal herausfordernd, vielleicht werden wir getriggert und an unsere Grenzen gebracht. Und gerade das ist wertvoll, um über unsere Grenzen hinaus zu gehen, die Schutzmauern auch mal zu durchbrechen, die Komfortzone auszudehnen. Wichtig dabei ist, teilen wir unser Leben, unsere Zeit, unsere Entwicklung mit Menschen aus Freude oder aus Abhängigkeit heraus, agieren wir aus Angst oder aus Liebe?

Wir sollten uns darüber bewusst werden, ob die Menschen, mit denen wir unsere Zeit verbringen, unsere Werte teilen, vielleicht sogar unsere Vision oder wenn sie dies nicht teilen, ob sie diese zumindest respektieren und anerkennen und wertschätzen oder ob sie diese lächerlich finden, unwichtig oder uns sonstwie denunzieren, vielleicht sogar manipulieren, uns durch ihr Verhalten immer wieder klein machen, verletzen und schwächen. Es ist wichtig, das zu sehen und dann bewusst zu wählen, wem ich Einfluss auf mich geben will, indem ich mit ihm eine Beziehung eingehe und meine Zeit mit ihm teile. Durch die Resonanz, die wir erfahren und in anderen erzeugen, entwickeln wir uns immer weiter und wir können lernen, welche Resonanz für uns hilfreich ist und hilfreich ist nicht nur positiv empfundene Resonanz, das kann auch ein kritischer, aufrichtiger Spiegel sein, der dann vielleicht auch mal etwas schmerzt und piekst, aber umso wertvoller ist.

Zu differenzieren welche Resonanz uns gut tut und welche schädlich für uns ist oder wo wir vielleicht nahezu gar keine erfahren, lernen wir mit der Zeit, indem wir uns selbst immer tiefer erkennen und klar unsere Werte leben, unsere Bedürfnisse kommunizieren und unser Potenzial entfalten. Im Geist des Dienens und der Demut den Prozess der Selbstverwirklichung zu durchlaufen, bewahrt davor, in einen egozentrischen Optimierungswahn zu verfallen. Es geht darum, unsere Aufgabe zu erkennen und uns dem hinzugeben, was wir erkannt haben. Unserer inneren Stimme, unserer Intuition, unserem Weg zu vertrauen und standhaft und fokussiert immer wieder zu uns, zu unserer Mitte zu kommen, um ausgeglichen und friedlich in der Welt zu wirken, indem wir uns selbst verwirklichen. Achten wir darauf, was wir für Resonanz erfahren, kann auch dies wegweisend sein. Das Universum testet gelegentlich unsere Standhaftigkeit, und dann wieder belohnt es uns, geben wir uns unserem Weg, unserer Aufgabe hin. Dafür müssen wir in Kontakt mit uns selbst sein, mit unserem Inneren und in Kontakt mit anderen, um unsere Perspektiven stetig zu erweitern und uns immer klarer zu sehen.

Wir brauchen ein sicheres, wohlwollendes Netzwerk an Menschen, um zu heilen. Und dieses Netzwerk dürfen und sollten wir bewusst wählen. Leben wir in unserem kleinen Netzwerk, in unserer Familie, in unserem Freundeskreis, mit unseren Kollegen co-kreative Beziehungen, unterstützt das unseren Transformationsprozess maßgeblich, wir heilen in Gemeinschaft und wir heilen Gemeinschaften. Auf ganz kleiner, persönlicher Ebene und in der großen Welt. Was wir leben, geben wir weiter und wird durch andere immer weiter getragen.

Alles zieht seine Kreise. In der Phase der Selbstverwirklichung kann es also hilfreich sein, neue Kontakte zu knüpfen, bewusst zu überprüfen, welche Beziehungen wir führen, weitere aufzunehmen, neuen Netzwerken und Gemeinschaften beizutreten oder die bisherigen Beziehungen zu pflegen, zu stärken und weiter zu entwickeln. Immer in einer Haltung aus Demut, im Geiste des Dienens, nicht, um etwas zu bekommen oder sich zu bereichern, sondern um seinen Job zu erledigen, seine Aufgabe in der Welt zu erfüllen. Es geht darum, den Frieden, den wir in uns selbst erkannt und entwickelt haben und immer weiter entwickeln, nach außen zu tragen, zu teilen und dadurch uns und das Leben wertzuschätzen, zu feiern.

Denken wir gemeinsam über das Leben nach, teilen uns mit und werden uns über den Wert und über die Vergänglichkeit des Moments bewusst, ist es möglich, Demut zu empfinden. Dann spüren wir auch Dankbarkeit für das Jetzt. Das ermöglicht uns Vielfalt zu erkennen und wertzuschätzen, Einheit zu erkennen und zu vertiefen, gemeinsam zu heilen und das Leben friedlich und freudvoll zu leben.

Die Fragen zu Hingabe, Dienen, Kontakt & Resonanz:

1. Wähle ich meine Beziehungen bewusst? Entscheide ich sorgfältig, mit wem ich meine Zeit verbringe und mein Leben teile? Möchte ich vielleicht alte Kontakte auflösen oder neue Freundschaften knüpfen? Gibt es Netzwerke, Gemeinschaften, denen ich mich anschließen möchte? Überprüfe ich, welche Resonanz mir in meinen Beziehungen begegnet und ob mir das gut tut? Kann ich unterscheiden, was mir langfristig schadet und was mich auf eine gute Weise herausfordert?

2. Bringe ich mich in meinen Beziehungen voll aus einer demütigen Haltung heraus ein? Verwirkliche ich mich, indem ich dem Menschen, der Menschheit, der Welt, dem Universum diene? Kann ich mich in meinen Beziehungen (privat und beruflich) hingeben, wie ich bin, meine Aufgabe mit Freude verwirklichen und erfahre dadurch eine stärkende Resonanz, sodass Heilung passiert in mir und meinem Gegenüber bzw. der Welt?

Resümee

Jetzt haben wir im besten Fall Ideen, was wir für Schritte tun können, um uns zu verwirklichen. Wir sind inspiriert und können endlich loslegen, das Leben wirksam zu leben. Dafür sollten wir unsere Vision manifestieren und immer wieder überprüfen, ob wir noch auf unserem Weg sind. Wir können unser Erfolgsbewusstsein stärken, indem wir alltäglich Erfolge wahrnehmen und dadurch Erfolg anziehen. Wir können immer wieder mit unseren Wünschen in Kontakt gehen, die Stimmigkeit unserer Wünsche mit unserer großen Lebensvision, unserer Aufgabe überprüfen und neue Wege ausprobieren, um in kleinen Schritten, Step by Step, unsere Ziele anzugehen und so Selbstwirksamkeit zu erleben.

Wir können uns durch Kunst entdecken, ausdrücken und heilen. Wenn wir etwas aus uns heraus erschaffen und dadurch die Welt mitgestalten, berührt und erfüllt uns und andere das in der Tiefe. Wir können durch Kunst das Unsagbare kommunizieren, das Traumatische verarbeiten und die tiefe Sehnsucht erfüllen, die Seele zu berühren und Verbundenheit zu empfinden. Dabei sind Kreativität und Kunst keine Grenzen gesetzt – es kann so vieles sein und das dürfen wir entdecken.

Wir sind nicht allein. Wir brauchen Gemeinschaft, um zu heilen. Bewusst zu wählen, welche Beziehungen wir führen und unsere Beziehungen dann mit Demut zu leben, dem Gemeinwohl zu dienen und dadurch in der Welt zu wirken, das ist Friedensarbeit. Sich der Vergänglichkeit bewusst zu werden und dadurch den Moment wertzuschätzen, Beziehungen in Hingabe und aus Liebe und nicht aus Abhängigkeit oder Angst zu führen und das Leben bewusst gemeinsam zu leben, das erzeugt Frieden, das bewirkt Heilung.

Checkliste Teil 3

Ich erkenne mich selbst. Ich habe Erkenntnisse darüber, wer ich bin, was ich kann, was ich will, was meine Aufgabe ist, ich habe eine Vision für mein Leben und klare Ziele, ich kenne meine Werte und weiß, was ich in meiner Kindheit gelernt habe, das prägt mich noch heute.

Ich liebe mich selbst. Ich übe mich in Achtsamkeit, ich trainiere mich in der bewussten sinnlichen Wahrnehmung, die mir zu Lust und Genuss verhilft. Ich mache mir bewusst, wofür ich dankbar bin, ich tue mir gut, indem ich mich bewege, indem ich in der Natur bin, indem ich mich gesund ernähre und für ausreichend Schlaf sorge. Ich wähle immer wieder, mich bewusst zu entspannen, bewusst zu atmen und regelmäßig zu meditieren und vor allem übe ich aus Freude, mit Milde und Verständnis mir selbst gegenüber.

Ich verwirkliche mich selbst. Ich visualisiere und manifestiere meine Lebensvision und meine konkreten Ziele, ich erzeuge eine zuversichtliche, freudvolle Stimmung, ich richte meinen Fokus immer wieder klar aus, ich drücke aus, was in mir ist, ich entdecke und erlebe kreatives, künstlerisches Tun. Ich bin in Kontakt, in Gemeinschaft, ich wähle meine Beziehungen, mein Umfeld bewusst, ich nehme Resonanz wahr und auf und gebe mich demütig dem Leben hin.

Schlusswort

Dieses Buch ist ein Ansatz, ein Vorschlag, ein Versuch, zu teilen, was ich selbst in meinem Leben und in meiner Arbeit als hilfreich erlebe. Ich möchte ganz deutlich darauf hinweisen, dass es notwendig sein kann, sich Hilfe zu holen und mit einem Arzt oder einem Therapeuten zu arbeiten, wenn man leidet. Oder wenn man sich unsicher darüber ist, ob man überhaupt Hilfe braucht bzw. etwas pathologisch ist und man eine Krankheit hat. Dann sollte man sich erstmal von Fachleuten beraten und dies gegebenenfalls auch ärztlich einschätzen lassen.

Ob man sich dann mit diagnostizierter Erkrankung oder normal-neurotischer Unzufriedenheit oder beidem auf den Weg der Selbstheilung begibt, muss natürlich jeder für sich selbst entscheiden. Es ist auch kein Widerspruch in ärztlicher Behandlung zu sein, eine Therapie zu machen, einen Coach zu haben und selbst aktiv an seinem Heilungsprozess mitzuwirken. Ich halte dies sogar für notwendig. Ich glaube zutiefst daran, dass wir selbstwirksam sein können und ganz bewusst zu unserer individuellen und der kollektiven Heilung durch die beschriebenen Prozesse oder Phasen in diesem Buch beitragen können und weiß aber auch, das dies nur möglich ist, wenn wir offen dafür sind, wenn es in uns eine Resonanz findet und sich stimmig anfühlt.

Also kann ich nur dazu ermutigen, sich selbst zu vertrauen und bewusst zu wählen, was das Richtige für einen selbst ist. Heilung ist also etwas, auf das wir Einfluss nehmen und an dem wir arbeiten können. Dennoch haben wir keine vollständige Macht darüber, ob und wann sich Heilung zeigt oder einstellt. Wir können uns ermutigen und befähigen und unsere Mittel dafür nutzen. Bei all dem Wissen, das wir uns aneignen können, bei all den Übungen, die wir anwenden können, bei all den Verhaltensweisen, die wir verändern können, bei all den Glaubensmustern, die wir auflösen können, bei all der Theorie, die wir lernen können und bei all der Praxis, die wir leben können, gibt es eine Zutat, die wir nicht in der Hand haben, um die wir nur bitten können und im Gebet darum können wir zuversichtlich unseren Weg standhaft weiter gehen, bis wir Gnade erfahren.

Ich wünsche allen Lesern die nötige Entschlusskraft, Zuversicht und Standhaftigkeit auf ihrem Weg, auf dass wir Gnade erfahren und Frieden entwickeln.

Begeisterung fürs Leben
Die Kraft deiner Gedanken
Uwe Böschemeyer

160 Seiten
Klappenbroschur
978-3-8319-0529-4

Wir „sehen“ nur wenig von dem, was die Gedanken in uns und anderen bewegen. Dabei sind Gedanken eine Großmacht. Sie nehmen Einfluss auf unsere Gefühle, unsere Entscheidungen und unser Handeln.
Uwe Böschemeyer gibt in seinen in diesem Buch versammelten Texten „Die Kraft deiner Gedanken“, „Sinn für mein Leben finden“, „Sich selbst bejahen“, „Die Sprache der Träume“, „Die Kunst miteinander sprechen zu können“ und „Allein leben“ wertvolle Anregungen, die uns in den verschiedensten Lebensbereichen befähigen, so gut wie möglich mit unseren Gedanken umzugehen, negative in positive zu verwandeln und damit den Sinn in unserem Leben zu erkennen.

Das Leben meint mich
Meditationen für den neuen Tag
Uwe Böschemeyer

400 Seiten mit 13 Abbildungen
Hardcover
978-3-8319-0016-9

Das Jahrbuch „Das Leben meint mich“ ist eine Herausforderung, das Leben zu bejahen. Es ist mit Herz und Verstand in einer einfachen und emotionalen Sprache geschrieben. Das Buch basiert auf vielen Erfahrungen im Umgang mit Menschen.

Die Inhalte umspannen die ganze Weite des Lebens. Der Autor bleibt jedoch nicht in Betrachtungen stehen, sondern beschreibt so konkret wie möglich, welche Wege zu Sinn und Glück möglich sind.

„Das Leben meint mich“ ist eine Fundgrube der Menschenkenntnis und ein Kompass für die Orientierung im Leben.

Springen Sie über Ihren Schatten!
Glück ist keine Glückssache
Astrid Leila Bust
Bjørn Thorsten Leimbach

224 Seiten
Klappenbroschur
978-3-8319-0439-6

Glück ist keine Glückssache. Aber wie kann es gelingen – das Glück? Was muss man tun, um sein Leben als glücklich zu empfinden?
Bei diesem Glückskurs geht es nicht darum, die eigenen Marotten zu pflegen und alles beim Alten zu lassen, sondern zunächst die eigenen Denk- und Verhaltensstrukturen zu durchschauen, sie dann zu verändern und schließlich die Freiheit zu erlangen, sein Leben aktiv und kreativ zu gestalten. Seien Sie mutig und nehmen Sie Ihr Leben endlich in die Hand! Springen Sie über Ihren Schatten! Das Ergebnis ist verblüffend – Sie werden sehen!

Die Heilkraft der Bewegung
Gesund und aktiv durchs Leben
Klaus-Michael Braumann

238 Seiten mit 13 Tabellen und Grafiken
Klappenbroschur
978-3-8319-0617-8

Wenn ein Trainingsprogramm individuell entwickelt, dosiert und kontrolliert wird, kann es wie eine gute Medizin wirken. Neben der gesunden Ernährung ist nämlich vor allem die regelmäßige körperliche Aktivität der Garant für eine starke Gesundheit. Egal welches Alter – Bewegung hat jeder nötig.
Das Buch erklärt anschaulich und leicht verständlich, warum Bewegung so wichtig für uns ist, wie unser Körper auf regelmäßiges Training reagiert und welchen bedeutenden Einfluss regelmäßige Bewegung auf Zivilisationskrankheiten hat.

Woher kommt die Kraft zur Veränderung?
Stephan Peeck

312 Seiten
Klappenbroschur
978-3-8319-0222-4

„Eigentlich wollte, sollte, müsste ich ..." – „Ab morgen werde ich ...", und dann bleibt doch wieder alles beim Alten. Sich und ihr Leben verändern, das wollen viele Menschen. Doch woher bekommen wir die Kraft dazu, es auch wirklich zu tun?
Konkret und lebensnah entfaltet der Autor Methoden, mit denen sich die wichtigsten inneren Kraftquellen zur persönlichen Weiterentwicklung erschließen und typische Hindernisse auf diesem Weg überwinden lassen. Der erfahrene Therapeut schildert, wie es möglich ist, die eigene Charaktergrundstruktur zu erkennen und ihre positive Energie zu nutzen. Praxiserprobte Hilfen, sich selbst wertzuschätzen und zu behaupten, werden genauso anschaulich dargestellt wie Wege zu einem gelingenden Miteinander und einem sinnerfüllten Leben.

Die du bist
Alltagsgedichte
Amelie Fechner

80 Seiten
Hardcover
978-3-8319-0709-0

Nichts ist einfach oder gar eindimensional. Wir selbst nicht. Und die Welt noch viel weniger, gerade in Pandemie- und Kriegszeiten. Manchmal steht alles Kopf: Wenn wir mal wieder mit uns hadern, die Fantasie mit uns durchbrennt oder komplexe Beziehungen uns herausfordern. Könnte man doch wenigstens Stunden aufpusten wie Ballons, um sie in die besonders schönen Tage zu hängen und diese zu verlängern.
In ihrem neuen Gedichtband widmet sich Amelie Fechner einmal mehr den Höhen und Tiefen des alltäglichen Daseins, das in der gegenwärtigen Welt herausfordernder ist denn je. Dies tut sie in der ihr eigenen Weise mit klarem Blick auf die menschliche Psyche, mit Humor und feinem Sprachgefühl.

Impressum

Bibliografische Information der Deutschen Nationalbibliothek
Die Deutsche Nationalbibliothek verzeichnet diese Publikation in der Deutschen Nationalbibliografie; detaillierte bibliografische Daten sind im Internet über http://dnb.d-nb.de abrufbar.

ISBN 978-3-8319-0869-1

Text: Melanie Sengbusch, Bad Segeberg
Lektorat: Marita Ellert-Richter, Mareike Matlis, Hamburg
Titelzeichnung: Alina Esken, Grafik & Illustration, Bremen
Gestaltung: BrücknerAping, Büro für Gestaltung, Bremen
Gesamtherstellung: CPI books GmbH, Leck

www.ellert-richter.de
www.facebook.com/EllertRichterVerlag
www.instagram.com/ellert_richter_verlag